聖ケ丘講話

天の心かく在り

日本の進むべき道

五井昌久

白光出版

著者（1916〜1980）

刊行のことば

聖ヶ丘《ひじりがおか》講話とは、昭和三十年代後半から昭和四十年代にかけて、千葉県市川市にあった聖ヶ丘道場での統一会（講話と祈りの会）における五井昌久先生のお話である。

お話はたいがいは質問に応えてなさったもので、質問内容もさまざまなら、お話も多岐にわたっていて、ごく身近の問題から、ひろく世界の平和や宇宙の問題、霊界や死後の生活のこと、永遠の生命の覚醒、霊性開発という本質的な問題、またご自分のことなど、きわめて親切に、判りやすくお話しくださり、人間とは何か、人間はいかに生きてゆくべきかについて、倦《う》まず弛《たゆ》まず説いてくださっている。

本書は、その中から主に日本と日本人の使命について説かれたものを中心に収録した。また、祈りによる平和運動、並びに、これからの世界がどう変わってゆくかということに関するお話も加えた。

平成十六年四月

編集部

日本の天命

世界中が必死に自国を守ろうとしているときに
何んと呑気な日本人
祖国の生きる道を真剣に考え
人類の平和に祖国を役立たせようとしているのは少数の人々
祖先からずっとひきつづいてこの国土に生かされながら
祖国を愛することをすっかり忘れきっている日本人
日本を異邦人[注]の思想にぬりつぶして
それで世界を平和にしようなどという

世にも愚かしいことを思ってみても
それは闇夜の中の出来事
世界の光明化をはばもうとする行為にすぎない
日本には日本の天命があり日本の心がある
その心は神に帰一する素直な明るい心

神のみ心がなくては人類がここに存在しないと同じように
日本がなくては日本人は存在しない
日本は単なる島国ではない
神の大調和のみ心をこの世に実現する中心の場だ
異邦人の思想に動かされて日本を見失ってはならない
日本を真実の日本たらしめてこそ自己も救われ人類の平和も実現する

私たちの世界平和の祈りはその先きがけの夜明けの祈り
地球世界を守る為に
日本の存在がどんなに大事なものか
はっきり判る時が次第に近づいているのだ

注……異邦人とはキリストのいう、神にそむく人々の意

（詩集『純白』より）

目次

第1章　日本の進むべき道

第2章　世界の平和と個人の平和

第3章　これからの新しい世界

カバーデザイン・渡辺美知子

第1章

日本の進むべき道

◆日本と日本人の使命

自国を通して人類に貢献する

私は日本を非常に愛しています。しかし、最終的な段階としては、国というものはなくなってゆくと思います。国というものがなくならなければ、本当の意味で世界は平和になりません。

国を守るということになると、どうしても自分の国家の利益が先に立ちます。現在の人間の頭では、好むと好まざるとにかかわらず、日本人は日本を守ろうとする。そういう気持ちが湧き出てくるのです。アメリカ人はアメリカを守ろうとする。中国人は中国を守ろうとする。

とにかく、自分の国を守ろうということは、頭で考えて、いい悪いじゃなくて、そうしないではいられない、というものが湧き上がってくるものなのです。それは自分の一家をまず守ろうとするのと同じで、だからキリストも〝近きより遠きに及ぼせ〟と言うわけですが、どうしても近いものを守ろうとする。

例えばスポーツをやっていてもそうです。日本とアメリカが試合をやっていれば、日本人はどうしても日本を勝たせたいと思う。ボクシングでも何でもそうですが、日本人が負けるのを喜ばない。やっぱり相手がノックアウトされることは喜んでも、こちらがノックアウトされると嫌になっちゃうでしょう。そういうものがあるわけですね。

身近かな者を愛する、身近かな者を守ろうとする。それは悪いんではなくて、今の人間としてはそうなっているんです。だから現代の人間としては、日本人は日本のために働くのが当たり前なのです。日本人は日本の国を通して、人類に貢献するわけです。

日本と日本人の使命とは

それで日本の国の使命は何かというと、日本というのは日《ひ》の本《もと》です。日というのは霊《ひ》ですから、霊の本、霊《れい》が肉体界に天下《あまくだ》って来た、天孫降臨《てんそんこうりん》といいますが、その本はやっぱり日本なんです。そういう意味では中心の国なのです。

日本はあくまで霊の本であり、大和《だいわ》の国、やまとの国といいまして、大調和の中心となるべき国なのです。そういう使命を持っている。

従って、大調和精神というものは、日本から世界中に振りまかれなければならないようになっているわけです。だから〝世界平和の祈り〟[注1]のような大調和の祈りは、アメリカから出るんでもなければ、イギリスから出るんでもなければ、中国から出るんでもなく、日本から湧き上がって来て、そしてずーっと世界中に広がってゆく。そういう天命を日本は持っている。否《いや》でも応《おう》でも、そうなるべきものを持っているんです。

そして日本人が、真実に日本のために尽くすのには、日本人一人一人が、本当の意味で、世界を平和にしよう、世界中が平和であれ、世界人類が平和でありますように、という想いに結集することによって、日本の使命が達成されるんですね。

だから何をおいても〝世界人類が平和でありますように〟ということは、日本人としてやらなければならないことなんです。日本人の一人一人が、どうしても、否でも応でも、そうしなければならないという、そういう天命を日本が与えられているんです。

ですから世界平和の祈りというのは、日本に必然的に生まれた運動なのです。この運動は、否でも応でも、広がらなければならないわけです。

広がらなければならないわけだけれども、焦って広げようとしてもダメなんです。

それは、神々と肉体の人間との協力、調和によって生まれてくるわけですから、こちらとしては、一生懸命、努力する。しかし焦らない。

すると、神々のほうでは、人間が努力している、目的に向かって想いを集中しているところへ働きかけやすいから、それで神々との調和によって、平和運動が大きくなってゆくわけです。

だから、どうしても日本人というものは、日本の天命である大調和精神を発揮して、世界平和の祈りにすべて結集しなければならないようになっているのです。

どうぞ、そういうことを自覚してください。

人々の想いを平和に結集する

否とか応とかではなくて、そうなるべくしてなっているんです。アメリカにはアメリカの使命がある。イギリスにはイギリスの使命がある。中国には中国の使命がある。そしてあらゆる国の人々は、自分の国家を通して、人類に貢献してゆくわけなんです。

ところが今のところは、国家を通して人類に貢献していないのです。みんな自分の国家だけを守って、人類と離れてしまっているわけです。

アメリカはアメリカで、共産主義をやっつければいい、そうすればアメリカは安泰だと思っている。ところが、やっつけるという思想の中には、人類のためになることはないのです。人類の調和の波を乱すことがあっても、人類の調和の波を益すことはないわけです。だから相手を叩き潰《つぶ》して平和を創ろう、なんていう思想は、絶対、日本のものではありません。それを私は強く強く、いつも言うわけです。アメリカが考えることは、アメリカの勝手かも知れない。しかし、日本が忠告することは必要ですね。

日本は大調和の国として、その使命感に燃えて、それでもってアメリカ、中国、ソ連、あるいはいろんな国に、それを勧告することは必要なわけです。

それだけの力を持つためには、日本の国民が全部結集して、世界平和しかないんだ、というようにならなければダメなんです。

そこに結集させるためには〝世界人類が平和でありますように〟という、誰しもが唱えられる、この平和の祈りを広めてゆくのが一番いいわけです。

それは日本人一人一人の責任でもあるし、日本人一人一人の天命でもあるわけなのです。

（昭和四十一年二月）

注1　世界平和の祈り……巻末参照。

◆日本の進むべき道

天の心は大調和の心

「天の心しかと確め日本の運命《さだめ》の道を我が文にする」

という私の歌がありますが、この歌を説明すれば〝天の心、いわゆる神のみ心をハッキリと確かめ、こういう道が本当の道なのだとハッキリ判って、天の法則というものはこうなっているのだから、日本はこうしなければならない、日本の運命はこうでなければならないと文章にしているんですよ、ただ徒《いたず》らに書いているんじゃありませんよ〟ということです。

天の心とは何かというと、大調和の心です。

宇宙の法則というものは、あらゆる部門において調和に向かって進んでいる。例えば電流が流れるのにしても、ある金属からある金属に流れる時、仮に電子が片方に三〇あったとする、片方は二〇だとする。三〇ある電子のほうから二〇のほうへ流れてゆくわけですね。それが二十五ずつキチッと合うように、両方とも同じ電子の数になるように流れる、それによって電流が生じるんですね。そのように調和させてゆくわけです。同位するわけですね。

そういうふうに、すべての働きは調和に向かって突き進んでいるのです。ところが初めは不調和のように出来ているのです。面白いですね。不調和のように出来ていて、それが調和に向かってゆくところに、この世界の建設が行なわれているのです。

天の心は調和しているけれども、それを形の世界、波長の違った世界に現わすためには、やはり一遍、不調和なものが現われて来て、それがお互いに調和に向かって働きかけてゆくことによって、この世界が成り立っているわけです。先ほどの電流のことを一つ取り上げてもそうです。

この地球人類というものは、調和に向かって働いているけれども、調和になりきっていない。しかし調和になることが神様のみ心なんです。その神のみ心を確かめてみると、宇宙の法則というものは、すべて調和に向かって働いているということなんです。

天の心から世界情勢を眺めると

今の世界情勢を見ていて、右が悪くて左がいい、あるいは左が悪くて右がいい、とにかく相手を叩き潰してしまえ、というような思想があります。要するに敵を認める思想です。それは調和から離れてゆく思想であるわけです。

例えば中国が悪くて、ソ連も悪い。アメリカは善いとします。しかし、アメリカは原爆でもなんでも落として、共産党を抹殺してしまえ、というつもりでベトナムを爆撃しているわけですね。

これは天の心から眺めて、いいか悪いかすぐ判るんですよ。利害関係なしに、客観的に眺めれば、爆撃して人を殺していることは、絶対善いことではない。そんなこと天の心をしかと確かめていればハッキリ判ることです。

ところが何かかんか理屈をつけると判らなくなってくる。しかし、初めから天の心そのままで見れば、いけないことがハッキリ判る。

どういう理屈をつけているかというと、もし南ベトナムで今の政権が負けたらば、北ベトナムが入って来て、ベトナム全土が共産主義になってしまう。さらにそれがアジア全体に浸透し、アメリカにも浸透して、すべてが共産陣営になっちゃう。だからそれを防ぐためには、どんな方法をしても、爆撃しても何しても、共産主義をやっつけちゃわなければならない、ということになるんです。

日本もアジアだから、日本もやっぱり共産主義に浸透され、占領されてしまう。そうしたら大変なことになる、という理屈がつくわけなのね。

ところが大変なことになるか、大変なことにならないか、そんなこと起こってみなければ判らないことです。なるかもしれないし、ならないかもしれない。それは未知のことです。ところが爆撃すると、人が死ぬということは未知ではなく既に行なわれている既知《きち》のことなんです。爆撃が一回行なわれれば何百人、何千人と死ぬでしょう？　現実に人間の生命を奪っているわけです。

人間の生命を奪って調和になったとは言えませんね。爆撃して人間を殺して、お互いが撃ち合って、殺し合って、それで調和したということは誰も考えられないでしょう。ところが国の利害とか、目の前の利害とかいうことになると、それが判らなくなる。不思議なものです。

厳然として大調和に向かって進め

だから私は、それじゃダメだと言うのです。

いかなる事態が起ころうとも、自分に損失を招こうとも、いかなる状態になろうとも、天の心である大調和というものを、しっかりと心に見定めて、自分の道を進んでゆかなければダメなんだ。それで天の心のままにやっていて、大調和の道を進んでいて、それで、もし、自分が滅びるならそれでもいい。また国が滅びるなら滅びてもいいんです。それは神様の心から見て、いらないのだから。この地球界にいらないのだから、それは滅びてもいいのです。その時は、あの世で最もいい所へ行きます。

いかなることがあっても、卑怯未練なことをして、自分の都合のよいような弁解をして、敵をつくって、やっつけたりすることは絶対いけない、と私は言うんです。

変わりなく神のみ心だとハッキリ判ることは、お互いが喧嘩をせず仲よくする、そして大調和に向かって進まなければならない、ということです。

だから世界中が仲よくするためには、相手をやっつけて、相手をぶん殴って、相手を懲らしめて、それで俺は勝った、それで平和になったということは有り得ません。

例えばアメリカが原爆をもって中国をやっつけて、中国が滅びたとします。だからといって平和になるか？　なりません。まだソ連がいます。中国をやったらソ連ともやらなければいけない、また他の国ともやらなければならない。年中、戦争が繰り返される。それだけならまだしも、そんなことを繰り返しているうちに地球は滅びてしまいます。

相手を滅ぼして平和になることはない

ところがアメリカのある一部の人、日本のある一部の人は、何でもかんでも共産党をやっつけなくちゃならない、爆撃しても何しても絶対手を引いちゃいけない、やっつけちゃえと言う。

やっつけちゃえ、という心の中に、なんで愛があるものか。調和があるわけがありません。相手をよくするために叩くのじゃない、ただ相手を滅ぼしちゃうんですよ。いいですか。共産主義者はみんな悪魔じゃありません。毛沢東《もうたくとう》は悪魔じゃありません。爆撃すれば死んじゃうんです。やっつけて、殺して、それで平和になるということは絶対ないことを、私は断言します。それは神のみ心ではありませんから。

私は反米でもないし、反共でもない。私の立場はそんな主義がどうだとか、こうだとかいうことではありません。

だけれど、公平に、天の心をしかと確かめてみると、何遍確かめても、天の心は大調和です。人類は大調和に向かって進まなければならない。人を殺していいことがあるわけがない。叩けば叩かれる。いかに向こうが悪かろうと、相手を殺せば、自分のほうに必ずつけが廻ってくるんです。だから、もしアメリカが中国なら中国を爆撃して滅ぼしたとしても、その業《ごう》はやがてアメリカに廻ってくる。

「共産主義よしと思はね武力もて叩けばかへりくる業《カルマ》の波は」

業の波というのは、相手が悪いか何か知りませんけれども、叩けば、やっつけて殺せば、殺したものだけ必ず自分に返ってくる。その味方をした者にも返ってくる。日本が味方をすれば日本にも返ってくる。目には目を、歯には歯を、という言葉があるように、必ず自分に返ってくるんです。そういうようになっているのです。だから、天の心をしかと確かめて、そして一つ一つの行ないをしなければダメなのです。

自分に都合がいいからこうやろう、都合が悪いからこうやろう、というようなことは、個人にとっても、人類にとっても、国家にとってもそれはダメなんです。滅びるときは潔《いさぎ》よく滅びればいい。死ぬ時は潔よく死ねばいい。

そういうふうに生きてゆかなければ、人間というものは立派にはなれません。いつもいつも、年中敵を見て、あいつがこうやったら、こっちもこうやってやろう、と戦々恐々《せんせんきょうきょう》として不安な想いで生きている。

そんな不安な想いで生きてゆくなら、この地球界に生きていなくてもいいんです。

徹底した平和の道から生まれた教え

私は徹底的な平和論者です。徹底的に平和を論じ、平和の道を進もうと思ってます。そこから生まれたのが〝消えてゆく姿で世界平和の祈り〟[注2]の教えなんです。

私は本当はこういう歌を書くよりは、叙情的な、例えば

「梢《うれ》の雪はらりと散りて現はれし花は椿と見て過ぎにけり」

こういう歌のほうが好きなんです。きれいな歌のほうが。でも時局の歌を書かないではいられずに書いているんです。

「日本には日本の道ありにけり思想を超えし平和の祈り」

日本は、思想じゃないんです。イデオロギーじゃないんです。その本然の姿が、本心の姿がそのまま現われるのが平和の祈りなんです。

日本は大和《だいわ》の国なんですね。平和の国なのです。大調和の国です。だから日本には日本の道ありにけり思想を超えし平和の祈り――。アメリカがどう騒ごうと、中国がどう騒ごうとそんなことは関係ありません。日本は日本で、まっしぐらに平和の道を進んでゆけばいいんです。

日本の国民一人一人が、みんな想いを一つにして、平和の祈りに向かって進まなければダメなんです。大調和に向かって、神のみ心に向かって、平和の祈りに向かって進むのが、日本の天命なんです。それを私は天の心をしかと確かめて、こうやって伝えているんだ、ということです。

人間は情緒を養うことも大切

それから皆さんね、やっぱり人間には情緒というものがなければいけません。情緒というのは、調和したひびき、愛のひびき、叙情といってもいい。もののあわれを感じる、ものの美しさを感じるとか、人の心を思いやるとか、そういう微妙な心をひっくるめて、情緒と言うんです。人間にはそれがないといけません。

例えば宗教の話をするんでも、ただまっ向から話したって情緒がないんです。相手に嫌われちゃいます。

愛の心、思いやりの心、みずみずしい心、潤いの心、これらが情緒なんですね。やはり潤いある人間にならなければダメです。干からびた人間になっちゃいけませんよ。

体は七十歳、八十歳の老人になれば弱ってきます。けれど心を干からびさせてはいけません。そのためには、和歌を詠むとか、俳句を詠むとか、詩を書くとか、合唱するとか、書《しょ》を書くとか、画を描くとか、自然を眺めて、自然の中の良さを見るとか、そういうのがいいんです。

芸術というと面倒くさすぎるけれども、もののあわれを感じる、ものに対する愛情を持つ、一本の草木に対しても愛をもって見る。ただ一つの石に対しても、その石の格好、転がしてその転がってゆくのを見る。それでなんとなくあわれ味を感じ、愛情を感じる……。そういう愛情が歌になったり、詩になったり、句になったり、言葉になったりして出る。そういう持ち味を養うことは、ただお説教するより、ずーっと相手に感銘を与えるものなんです。どうぞ、そのことも覚えておいてください。

(昭和四十一年二月)

注2　消えてゆく姿で世界平和の祈り……すべての悪や過ちを責め裁く代わりに、前生の因縁の消えてゆく姿とみて、世界平和の祈りに託して、神の光明波動の中で消し去ろうという教え。

◆日本の天命は何か

神のみ心を外れたままの生き方では地球は破滅してしまう

人間が生きてゆくにおいて、どういう道をゆくのが一番いいか。それは、やっぱり神様のみ心を現わすことなんですね。神様のみ心を現わすために、一人一人の人間も生まれていれば、いろいろな民族や国家もあるわけです。

だから、神様のみ心に外れた行ないをすれば、それだけ自分が人類にマイナスの影響を及ぼすわけです。

神様のみ心に外れる行ないとは何かというと、愛に背いた行ない、それからいわゆる煩悩と言いますか、業と言いますか、自我欲望、怒りの想い、恨みの想い、妬みの想い、恐れる想いなどです。そういう想い、あるいはそういう行為、それが神様のみ心に外れるわけです。

ところが人間は、神様の想いに外れて久しく、長い間、神様のみ心に外れた行ないを、ずーっとしつづけてきたわけですよね。それで、神様のみ心を外れた行ないが、戦争になったり、天変地変になったり、何遍も、何遍も繰り返されてきているわけです。

それで今日では、核爆弾まで出来て、しかも人工衛星から、核ミサイルをどこへでも投下できるような、宇宙から攻撃できるような兵器が、ソ連にも出来、アメリカにも出来ているわけです。いつの間にか、宣戦布告も何もないうちに、原爆が落っこちてくる危険性が多分にある、そういう時代になってきた。

そうすると、これ以上、今までの神様のみ心を外れた生き方をしていたんでは、もういずれ地球が破滅することは間違いないんです。このままの、今までの考え方で、自分の都合の悪い奴は敵だ、敵は武力でやっつけなきゃならない、とそういう考えでゆくのでは、もうダメなんです。

だからこのままゆけば、地球が滅びることは必定《ひつじょう》なんですね。どんどん、どんどん凄い武器になって、それを実験するだけでも地球に悪影響を及ぼしてしまうような、そういう時代になってきているわけですね。

実験するだけでどうしてダメになるかというと、実際に原子の灰なんかが降ってくるということもありますが、それ以上に宇宙の気を乱すわけですね。調和している宇宙の気を乱すわけです。

そういうものは争いのための道具ですから、原爆の実験をしながら、調和できますようにと祈っている人はいないんですよ。どれだけ効果があるか、どれだけ敵が余計に死ぬか、そう思ってやっているわけでしょう？

そういう想いが地球にみなぎり、宇宙にみなぎるわけですよ。それはぶち壊す想いです。物を壊し、人を痛める想いなんです。だから、そういう想いが、地球をぐるぐる回っていれば、天変地変が起こらないわけがないんですよ。

そういう想いが、天の気を、宇宙の気を乱すわけです。気が乱れれば、乱が起こるんです。それが天変地変になる。

空でも、大地でも、みんな気によって動いているんです。

大地は生きているんです。地球は生きているんです。地球はただの土じゃないんですよ。地球霊王というのがいらして、地球とはその地球霊王の体なんです。霊の体なんですね。霊体が中にあって、肉体があるのと同じように、霊があって、外が土のようになっているわけですね。

それを、みんな単なる土だと思っている。何でもないと思っている。心なんかないと思っている。

ところが、大地には心がある。だから、大地の心を乱し、気を乱してしまうわけです。そうすれば、大地震も起きるでしょうし、天の気を乱せば、暴風雨も起こるでしょう。そういうふうに、いつでも天変地変が起こり得るような状態になっている。

このまま、このような状態が続いてゆけば、戦争にまでならなくても、この地球は天変地変でダメになっちゃうかもしれない。

ですから、もうこういう生き方をやめなきゃいけません。和して同《どう》じないような、各々の天命が調和し、神のみ心に調和する。縦に神のみ心に調和し、横に人類相互が手を握り合って、しかも自分に課せられた天命を完《まっと》うしてゆく。そういう生き方をしなきゃならないわけなんです。

日本の天命とは何か

そこで、日本の天命とは何かというと、大調和精神、大和《やまと》の心です。昔は、日本は大和と言いました。大和《だいわ》精神、日本の日というのは霊《ひ》ですからね。霊《ひ》の本《もと》。自《おの》ずからそういう天命の名前がついている。

そういうふうに、日本は元々大調和の中心の国なんですね。地球世界がいよいよ危なくなる手前でもって、日本は太平洋戦争に負けまして、平和憲法を神様からもらいました。

アメリカが作ったとか、なんとか言うけれども、実はアメリカが作ったのでも、日本が作ったのでもなく、天のみ心が、自然にそういうふうに作らせたわけですね。

そしてまた、天のみ心が、天皇制というものをなくさなかった。普通だったら、戦争に負けたんだから、天皇制なんかなくなっちゃいますよね。天皇陛下もいなくなるに決まっている。

それは何故かというと、天皇陛下が中心者になっていて、天皇陛下の命令でみんなやってきたでしょう? 戦争も何も、みんな天皇の命令でやってきた。たとえ天皇が知らぬ、存ぜぬと言ったにしても――でも、言いやしないんですがね、本当は。ご自分が身を乗り出して、ご自分が犠牲になって、人民を救ったんですから。しかし、普通だったら、帝王とか、皇帝とかいうものは、「ワシは知らんのに、将軍たちが勝手にやった」と言うわけですね。

そう言ったって、一番の中心者に責任があるのは間違いありません。だから、どこの戦争にしても、どこの革命にしても、みんな中心者は反対派に殺されたりしてしまいます。

あるいは、追放されたりして、その座にはいられなくなるのは当たり前なんです。今までの歴史を見ても、全部そうですよ。

ところが、日本は、戦争に負けて、無条件降伏しても、天皇だけは残された。それは、天皇のお人柄というのもあるでしょうし、また、天の力が肉体の天皇をして、「私が一番の責任者で誰も罪はないんだから、みんな私の責任なんだから、どうか私を処分してください」と、マッカーサー[注3]の所へ行ったんでしょ？　そういうふうに行かせること自体が、天の命なんですね。

しかし、マッカーサーは初めは迎えにも出なかった。天皇というのは、誰にも頭を下げたことがない人でしょ。それが、わざわざこっちから行って――負けたんだから仕方がないけれど、行った。ところがマッカーサーは迎えにも出なかった。

それが今度は、天皇が身を投げ出して、自分の責任だから、誰にも罪はないんだ、大臣でも将軍でもなくて、自分がみんな命令を下したんだから、自分だけが責任を負う、というふうに身を捨てた、いわゆるキリストになったわけですね。十字架に掛かったわけです。

そうしたら、マッカーサーが感激しちゃって、送る時は手を取って、ちゃんと玄関まで送りに出て来たわけでしょ？　それほどに、天皇に魅せられたわけですね。

それは、何に魅せられたかというと、不惜身命《ふしゃくしんみょう》の覚悟で身を捨てた、キリストの状態になって、傑《はりつけ》にかかって、自分の身を投げ出した、その天皇のみ心に感じたわけですね。

その天皇のみ心は、どこから来たかというと、天の、神のみ心がそのまま現われたんですね。いわゆるキリストが現われたんですね。それで天皇が、その時に本当の天皇になった。

それまでの天皇は、本当の天皇じゃなかったんですね。ところが、終戦の時に本当の天皇が現われた。日本の一番危機の時に、本当の神様のみ心が、そこに現われたんですね。

それで、天皇制がなくならなかったでしょ？　普通では考えられないことでしょう。一番の元ですからね。負けた国の君主だから。それが、牢屋にも入れられなければ、首も斬られなければ、何にもされないでご無事だったですね。それは、神様のみ心がそこで大きく働いたわけです。

そういうふうに、常に神様のみ心が働いて、この日本が守られているわけですね。それで神様から、天皇の存続と同時に、平和憲法というものが与えられたわけです。

平和の想いに徹することが必要

そういうふうに神様が自然に、日本は大調和の国なんだ、大和《だいわ》の国なんだ、日の本の国なんだということを、しかも日本が大調和を創る国なんだということを判らせるために、平和憲法というものも出来ている。それがずーっとどうやっても壊れないで、今日まで来ていますね。

細かい所は悪い所があるかもしれませんよ。しかし、根本的なものはいいですね。今の自衛隊がいいとか悪いとか、そんなことは別問題ですよ。

いわゆる武力に頼って、国を守ろうなんていう古い考え、武力でもって国を守ろうという古い考えを持っている以上は、日本の天命は発揮されないんですね。それでは日本の天命は現われないんです。

ですから、やっぱり平和に徹するということが必要なわけですよ。そういうことは、初めから判りきっているんですよね。

日本の国というのは、大調和を創るように出来ているので、そのために戦争に負けもしたんだし、今日まで来ているんです。だから、日本は大調和の中心になる、平和な世界を創る中心になる、ということは、初めから天命として判っているんですよ。

日本人が一番為さなければならないことは、一にも二にも、後にも先にも、一番最初にしなければならないことは、みんなの心がひとつになって平和を願うということです。国民みんなが平和を願っているんだ、唯一原爆を体験している日本なんだから、どこの国よりも平和を願っているんだ、誰よりも日本人は平和を願っているんだ、という、そういう気持ちを海外に向かって、言わなければならないんですね。外国にどんどん、どんどん、伝えなければならない。そういう役目になっているわけですね。

そこで私どもが、一生懸命、祈りによる平和運動ということで、リーフレットを配ったり、パンフレットを配ったり、年中それを書いて出したりしているわけです。

一人一人の世界平和の祈りが未来の世界を創る礎《いしずえ》になる

だから、一人一人の平和の祈りというものは、どれだけ未来の平和世界を創る礎になるか、力になるかというのは、量り知れないんですよ。

気がつかないでやってらっしゃるかも知れない。あまり深く考えないでやってらっしゃるかも知れない。あるいは、深く考えた上でやってらっしゃるかも知れないけれども、皆さんのやっている祈りによる平和運動というものは、今に国を動かし、世界を動かす基盤になるんです。これは私が保証します。他にやり方がないんだから。

平和がいいんだ、戦争はいけないんだ、そう言う人はたくさんあります。

しかし、戦争が嫌だったら、戦争をしない方法を考えなければならないですね。戦争をしないで済む方法は何かというと、国民全部が平和を願うことよりしょうがないでしょう？　平和を願うためには、一番最初に平和の言葉を出さなければダメですよね。「世界人類が平和でありますように」、もう単刀直入にそういうのを出さなきゃダメなんです。ところが今まで、世界人類が平和でありますように、とちゃんと祈り言にした人がいないんです。平和を願うとか、平和運動とか言っている人はある。あるけれども、願い事はみんな違うんですね。今までの宗教的なことだとか、あるいは左翼の、いわゆるブルジョア政党をやっつけろだとか、アメリカをやっつけろだとかいう、そんなんじゃありません。私どもは祈りによって、平和の祈り一念で、平和の想い一念で、それでもってみんなの心をひとつにしよう、という考えでしょ。

だから、祈りによる平和運動以外には、本当の平和運動はないんですよ。それを一人一人が自覚して、一生懸命、平和の運動を進めるといいわけですね。

そうしますと、祈りによる平和運動をやっているということは、そこでは和してひとつになっているでしょ。神のみ心の中に、みんなそのまま入っているわけです。

しかし、お互いは、ある人は会社に勤めているかも知れない。ある人は家庭の主婦かも知れない。あるいは会社の社長であるかも知れない。あるいはお医者さんであるかも知れない。科学者であるかも知れない。法律家であるかも知れない。政治家であるかも知れない。みんな自分の天命を完うするため、それぞれの職場で一生懸命働いていらっしゃる。それでいて、心がひとつに結ばれている。本当に和しているんですね。しかし、同《どう》じているわけじゃないんですね。

みんな、置かれた立場で一生懸命やりながら、それで平和の祈りをやっているわけですね。ひとつに入っていながらも、しかも同じていないんですね。みんな、各々の個性を発揮してやっているわけです。それを〝和して同ぜず〟と言うんですよ。

そういうふうにやってゆくことが大事なわけですね。自分の職場で、自分の置かれた環境で一生懸命、平和運動をやればいいんです。

しかもそれは、平和を戦い取る、なんていう闘争的な平和運動じゃないんですね。祈りの心によって、自然に平和にしてゆく。そういう運動です。

だから、今のところは、祈りによる平和運動の、この運動以上に、本当に平和を創る運動はありませんですよね。それを一人一人が、よく自覚していただければいいですね。

（昭和四十二年十二月）

注3　マッカーサー……アメリカ陸軍元帥。第二次世界大戦後、連合国軍最高司令官として日本占領に当たった。

◆日本民族とユダヤ民族
――日本人の使命

縦の民族、横の民族

　ユダヤ民族というのは、随分歴史の古い民族です。日本民族も同様に古いですね。日本民族（大和《やまと》民族）を陽の民族、縦の民族とすれば、ユダヤ民族は横の民族、陰《いん》の民族で、お互い似通っているところがあるのです。

　何が似通っているかというと、日本では神々が天下ってきた天孫降臨民族と言いますね。ユダヤ民族は神の選民と言っています。神から選ばれた民族なんだと、固く信じています。ただ選ばれた民族だから、うんと鍛えられて、たくさん迫害に遭うぞ、とも思っているんですね。だからその通りに、ユダヤ民族は、長い間自分たちの国を持ったためしがなく、いつもいつも他国家、他民族によって侵されてきていたわけです。

第二次世界大戦が終わってから、エルサレムのあるところに、ユダヤ民族が集まって、とうとう一つの国に住めるようになりました。やっと自分たちの国が出来たわけです。

ユダヤ民族は、自分たちは神に選ばれた民族だ、という強い自覚があるものだから、その自覚というものが素晴らしい力を発揮させる。魂的な力が非常に強いわけです。人間というものは、自覚を持って、自分は大した者だ、自分は何でもやれるんだ、という信念を持てば、非常に力が出てくるものなのです。

野球なんかでもそうです。自分は調子が悪い、なんて思っていたら打てやしません。自分は絶好調だ！　打てる、と思って打ちはじめたら、どんどん打てるでしょ。そういうふうに、自分が信念を持ち、自信を持つと非常に力が出ます。

それと同じように、ユダヤの人々は、先祖代々からの強い信仰により、神様に選ばれた民だ、というので非常に自信を持ち、力を持っているわけね。それでユダヤの人々は流浪の民で、世界各地に分散し、アメリカにも、イギリスにも、ソ連にも、世界中どこにでもいるわけです。

でもみんな自覚と信念を持っているから、人の上に立つ立場になったり、商売をすれば金持ちになる。科学者になればノーベル賞をもらうような人が出てくる。非常にたくさく、さまざまな分野で力を持った。そこで各国の民族たちが非常にユダヤ民族を恐れたわけです。ドイツなどは特に恐れたわけです。

そこで、各国でユダヤ人排撃運動が起こった。このまま放っておくと、ユダヤ人に全部占領されてしまう、ユダヤの民にみんな跪《ひざまず》かなければならない、と思ったわけですね。それでユダヤ民族の排撃運動が起こったわけですね。

もう一つは、ユダヤ人が同じユダヤ人であるイエス・キリストを迫害したでしょ、磔にしました。そういうこともあって、キリスト教国であるヨーロッパの人々は、皆ユダヤ人を排撃した。

しかしそれらを押しきってイスラエル国をつくり、今とても栄えています。恐るべき底力のある、自分の民族に確信をもった民族です。今後も非常に影響力が大きいでしょう。

これと対比して、日本民族というのは、神《かん》ながらの国、大和《だいわ》の国、大調和の国で、のどかなんです。本質が非常にのどかで、のんびりしたものを持っている。そして自分たちは選ばれた民だなどと、胸を張るような、威張ったものがない。

しかし戦争中には威張っていました。戦争中は、日本は神国だ、とやった。それで負けた。結局、力がないのに威張ったからです。日本民族はユダヤ民族のように、根っから選ばれた民だ、と自覚を持っている民族じゃないんです。

神ながらの国というのは、柔かい感じで、自然とスーッと流れているような感じです。それは魂の素質なんです。だから、自分たちは神に選ばれた国だから、各国各民族から反逆されたり、ひどい目に遭うという意識もない。ただ、素直にスーッと流れているだけです。

それでいて本質は、神の中心の国だ、大調和の国だという心が中にあるんです。それで自然に神に守られている感じを強く持っているわけ。ただ選ばれた民族だなどという、意気ばるものがありません。素直なんです。

ユダヤ民族は自覚を持って生き、日本民族は素直にスーッと流されている。形としては違うけれど、中身としては非常に似通ったものがあるんです。神の中心の国であり、民族であるというものを、両民族とも持っているわけです。

陽の日本の魂と、陰のユダヤの魂と、東西二つの民族。さあこれからどうなるかは、今に判ってきます。

ユダヤ民族と日本民族の天命

ユダヤ民族というのは凄いですよ。ユダヤ民族が本当の世界平和のために、本当の意味で働きはじめたら、これは真実、世界平和のためになると思います。

また日本人は、大和《だいわ》の国、大調和の国という天命を持っているわけです。この地球世界に大調和世界を築くための中心の国。否でも応でも、そういう天命を日本民族は持って生まれて来ているんです。

だから、日本民族は武器を持ったり、あいつは敵だからやっつけなければならない、というような立場で立つ時は、天命に反するから必ずダメになる。あくまでも大調和精神で平和にするんだ、という深い強い信念を持たないと、日本は立ってゆかない。それを神様が私に教えてくださったんです。

そこで私は、あくまでも、右も左もなく、すべて平和のためを思い、どうしたら日本が平和になるか、どうしたら世界が平和になるか、そればっかり考えています。

祈りがない運動をしたら、必ず対抗意識が出てくる。これはアメリカとも結んで、こうしなければならないとか、右でなければならないとか、左でなければならないとか、いろいろありますと、右と左の対抗が生まれてしまいますね。共産党を叩きつぶせ、といえば共産党の敵になりますね。

そういう形を一切取らないで――場合によっては片方どっちかにつくこともありますよ。この現象世界では二人の立候補で一人を選挙するんだったら、右なり左なりにしなければならないから、どっちかにします。

そういうことはあったとしても、根本的には右も左も、縦も横も全部総合して、祈りによってみんなを調和させる、という運動であるわけです。

祈りによる平和運動は、あくまで世界平和の祈りが根本になっているんです。そして置かれた立場にあって、十二分にその立場を生かす、そういう運動をしているわけです。それが日本の天命なんですよ。

日本の国は、右を叩き左を叩き、そんなのじゃないんです。あくまで大調和の中心である平和を創る、中心の国である、ということです。

これをいくら高々と叫んだっていいんですよ。平和の中心だ！　と叫んでおこる人はない。「おれは一番強いんだ」これはいけないけれど。戦争中はそれを間違ってしまった。八紘一宇《はっこういちう》という言葉があります。天の下は一家である。宇宙は一つだということ――それを間違ってとって、日本は一番強いんだ、日本は力でもってみんなを下に従えるんだ、というように考えた軍部があったわけです。ところがそれで日本は負けました。

これからは、あくまでも宇宙は一つであるけれども、日本は天命として、平和のため、平和をつくる先駆けとなって働く民族なんだ、ということを、日本人一人一人が深く自覚しないといけませんね。

そうしないとあのユダヤ民族の素晴らしい選民意識に圧倒されます。イスラエルをみても判りますね。アラブ諸国のほうが人口は多いんですよ。それをわずかな人数で、自分の何倍もいる敵を撃破して、いつも戦争に勝ってきた。あれは選ばれた民だ、という強い誇りがあるからです。

ところが日本人には、実は魂の底にはあるけれど、表面的には、選ばれた民族どころではない、大調和の民族、平和の民族、大和《だいわ》の民族という意識もない。今、なんにもないんです。

ただその日その日をエンジョイして、遊んで暮らして、うまく自分の生活を守っていけばいい――そう思っている人が大半なんですね。しかし一方ではゲバ棒を持って、日本を改革するんだ、今の政府を叩き潰して左翼の政権にすればいい、というようなことを考えている人たちもある。

左翼でも右翼でも、どちらでもダメですよね。そんなものはみんな消えてゆく姿で、大調和世界が生まれること以外に、この地球世界を救うことは出来ないんです。大調和を生むための日本人の働きは、祈りによる世界平和運動を基《もとい》にして始まっているのです。

皆さんはその先駆けとして、寝《ね》ても覚《さ》めても唱名念佛すべきものなり、というように、「世界人類が平和でありますように、日本が平和でありますように、私たちの天命が完うされますように」という祈り心を、いつも神様に感謝の想いと共に捧げてゆかなければなりません。

そうすることが、皆さんがこの世に生まれて来た大きな天命なんです。

第2章

世界の平和と個人の平和

◆祈りによる平和運動とは

家庭を守りつつ外に働きかける

私たちの祈りによる平和運動は、家庭を蔑しろにして、妻や夫をほっといてただ平和、平和とやるのではありません。第一、そういう地に足が付いていないものでは、長く続きません。でも、家庭を守りながらでも外に働きかける運動は出来るわけです。

家庭を放り出して、布教だ、折伏《しゃくぶく》だ、という団体は、それだけ家庭がおろそかになっていますから、家庭不和が随分あるわけです。宗教団体に入ると家庭がめちゃくちゃになってしまう、という例もたくさんあります。

それを私は好ましく思わないのです。家庭にいらっしゃるご婦人方、奥さん方は、あくまでも家庭を主にして、家庭の仕事をちゃんとして、それで余った時間を外に向けて働きかけることに使って欲しいと思います。

近頃は何事も便利になって、昔に比べると奥さん方の労働時間が非常に短縮されているわけです。その短縮された分を、外に向けて働きかけてくだされぱいいんです。それをぜひしていただきたいと思うのです。

ソ連にしろ、北朝鮮にしろ、日本というものは得難い宝のような土地なのです。この日本が自分たちの自由になれば、世界を制覇できる、と言えるほど日本は重要な国なのです。

アメリカも同様で、日本と手を結ばないとアジアの安定が保てない、アジアの安定が保てなければ、従ってアメリカの安定も保てない、というわけです。どの国も世界の指導権を握りたいのです。

自分一国だけが安泰であればいい、というだけではなくて、自分一国が安泰になるためには、世界の指導権を自分が握っていないと安泰にならない、という考えをアメリカもソ連も中国も持っているわけです。

そこで日本に影響力を及ぼそうとしているわけなのですが、その日本の内部はどうなっているかというと、一つにまとまっていない。右に左にいろいろと分裂しているわけです。

思想で分裂していては、日本は真の姿を失う

左も分裂して、日共系と反日共系、中共系とソ連系、もっと細かく分裂していて支離滅裂です。右は武力をもって日本を守ろうとする。そうこうするうちに、勢力は分散してしまって、次第に日本は真の姿を失ってしまうことになるのです。最近、右翼の人たちは軍備を拡張して、原爆でもなんでも持って日本を自分たちの力で守らなければならないと思っています。政界、財界にも軍事力で日本を守ろうという考えの人は随分あります。

それが間違いかと言うと、あながち一言で間違いだ、というわけにもいかないのです。どうしてかと言いますと、武力が弱いとその隙をうかがって、他国が侵略してくる可能性

があるわけです。また北の海で漁船が拿捕《だほ》されて、ひどい目にあったりもしています。例えばお隣りの家の人が、自分の家の垣根をかまわず破って侵入して来て、花を取りにきたり、草を取りに来たりすれば、なんだこのヤロウ、と喧嘩になりますよね。それと同じようなことを日本のまわりの国はしています。ただこちらは戦う武力を持っていないから手を出さなかった。それが幸いして今まで戦争にならなかったわけです。だから無事だったわけですけれど、しかし、戦争にならないことだけがいいんではなくて、常に日本がやられてもやられても手を出させないでいると、民族心というものがありますから、日本を守りたいという心には「何、なめられてたまるか、ソ連になめられてたまるか、中国に、アメリカになめられてたまるか」という想いも出てくるわけで、切歯扼《せっしやく》腕《わん》の想いが出てくる。

くやしい想いがありながら、だんだん、だんだん侵略されるというか、押されてゆくとするならば、民族的な意識というものは黙っていません。腹が立って仕方がない。そういうものが積もり積もってゆきますと、今度は大きな爆発を引き起こすことにもなります。

そういう考え方からすれば、自主独立の軍備を持たなければいけないということになります。来たら跳ね返すものを持っていれば、向こうは攻めて来ない、という考えを持つわけです。

ところが一方では、軍備を持ったら、いざとなれば戦争になってしまう、という恐れがあります。いずれも一長一短で、そんなことは全然くだらないことだ、と一言にして言えないものがあるわけです。

のっぴきならない時代の趨勢《すうせい》

近頃は、いよいよ日本自体が軍備を強化して守らなければならないような動きがハッキリして来ています。アメリカもそうですし、中国もそうだし、韓国やフィリピンなども日本に軍備を持たせようと働きかけています。

日本はアメリカと安全保障条約を結んでいます。国民の大半は、これがそのまま継続されたほうがいいと思っているようです。

しかし、安保を継続したほうがいいと思う中にも二通りあります。一つはアメリカの力だけを頼って、日本は軍備も何もしないで、平和産業だけやっていって、アメリカにおんぶにだっこで守ってもらおうという形と、もう一つは、徐々に自衛力を増して、だんだん軍隊のようにして強くし、強くなった時には、アメリカに手を引いてもらって、自分だけで独立しよう、という二通りです。

また安保などいらない、アメリカは帰ってくれという主張もあるわけです。これにも二通りありまして、一つは初めからアメリカに頼らないで、一遍に軍備を増強し自分の力で守ろう、という考え方と、もう一つは、アメリカをとにかく追っぱらって、日本を全部丸腰にしておいて、ソ連とか中国とかの支配下におこうという左翼的な考え方もあるようです。

丸腰がいい、という主張の中にも二つありまして、一つは日本を共産主義に売り渡し、ソ連や中国の支配下におくために軍備はいらない、という形と、本当の意味で、もう戦争はコリゴリだ、戦争は絶対にいけない、あらゆる争いはいけないんだ、だから丸腰でなければいけない、という考えを持っている人もあるわけです。

丸腰でやる場合、全然軍備がない、自衛隊もなんにもないとします。警察だけしかないとします。そうするとどうなるでしょう。警察だけだとすると、全学連だけでも全部が蜂起すれば、警察は本当に手がまわらないくらい忙しいでしょう。他の犯罪もありますからね。

そうして混乱が起こったところで、大人の共産主義者などが表面に出てくるでしょう。爆弾など簡単に作ってしまうでしょう。あるいは中国やソ連からもらってくることも出来る。

そうすると、立ちどころに日本は占領されるでしょう。今の内閣など一遍に潰され、革命内閣が出来るわけです。そういう野望を持って、隙をうかがって平和運動と称している人たちもいるのです。

だから全然丸腰になって、なんにもいらないということは出来ないわけです。

別の次元で働く大調和主義

我々の平和運動はどういうものかというと、左翼でもなければ、右翼でもありません。大調和主義です。自衛隊の廃止とか、軍備増強とか、そういうことにかかわるのではないのです。今のあり方は、政府なら政府にまかせておいて、政治にまかせておいて、我々は、政治とは無関係に、全然別個な次元において、別個な立場において、日本人は平和を欲しているんだ、という熱烈な気持ちを一つにまとめていって、だんだん、だんだん熱烈な気持ちの人を増やしていこうという運動なのです。

例えば放送局がいろいろあって、戦争だ戦争だという放送局もあれば、軍備をしなければダメだという放送局もあれば、丸腰でなければダメだという放送局もある。

それとは全然別な放送局をつくって、あらゆる争いごとをなくして、世界を平和にするのだ、ということだけを放送するのです。あらゆる戦争、あらゆる争いをなくし、家庭からも、職場からも、あらゆるところから争いをなくして、平和だけにしようという放送局なのです。

世界人類が平和でなければならない、みんなが仲良くならなければならない。争いの想いがあってはならない、と天のほうから放送されてくる。それをキャッチして流してゆくのです。軍備だ、軍備じゃない、共産主義だ自由主義だ、右翼だ左翼だというのは、三界《さんがい》（欲界、色界、無色界）の業の想いです。業の想いではない、天からの放送局の波長を受けて放送している放送局、それが祈りによる平和運動なのです。

軍備はいけない、と表立って反対するのでもなければ、軍備をしなければダメだ、というのでもない。それはこの世のことです。この世だけの波です。天とは関係ない。人間だけの想いなのです。人間だけの想いでぐるぐるまわっているだけです。

我々の運動というのは〝世界が平和でなければダメだ。みんなが平和でなければならない、みんな兄弟姉妹なのだ、みんな神様の生命をもらった兄弟姉妹なのだ〟という天のひびき、神のみ心をじかに受けて、この世に流していこうというのです。

家庭の主婦として、夫として、子供として、いくらでもこの運動は出来るわけです。世界人類が平和でありますように、日本が平和でありますように、私どもの天命が完うされますように、守護霊様、守護神様有難うございます、と常に常に、天の放送局のひびきに合わせて、神様のみ心の中へどんどん入ってゆく。そうすると自分の中に光がいっぱい入って来て、自分の家庭もよくなってくる。病気の人はだんだんよくなってくるし、貧乏の人もだんだん立ち直ってくる。

うちの教えに入れば病気は全部治る、うちの教えに入れば全部貧乏が治る、そんな邪教の宣伝みたいなくだらないことは言いません。そんな安直に現世利益を説いてはいけませんよ。

しかし世界平和の祈りを祈りつづけてゆけば、世界が平和になるのです。世界が平和になるということは、自分が平和になるということです。自分が平和にならなければ世界が平和にならないでしょう。まず自分が平和になることです。

やり続けさえすれば必ず平和になる

世界平和の祈りをしつづければ、自分も平和になってゆく。必ず調和してゆきます。それにはやり続けなくちゃダメです。途中で止めてしまえばダメになるかもしれません。でも、それはもう神様のほうの知ったことではありませんよ。神様の外へ出ちゃうんだからね。神様のみ心の中に常に入って、いつも平和の祈りをしていれば、必ず自分も家庭も整ってくる。同時に国も整ってゆき、世界も整ってくるんです。

何故整ってくるかというと、平和の祈りというのは神様の大調和のみ心だからです。世界平和の祈りをすると、大調和のみ心が太陽が光を放つようにパーッと出てくるのです。

今までは、軍備だ、丸腰だ、こっちのほうが強いんだ、なんだかんだとやって、争いの想いでもって雲を厚くしてしまって、太陽の光が入って来なかった。

それを私どもは、雲の上に出て、じかに太陽の光、神様の光を直接に受けて、光を地上に流しこんでゆく。それも一人一人の体を通して流しこんでいるわけです。

皆さんが平和の祈りをすれば、雲がどんどん破れてゆく。そして三界の想いでなんだかんだと言っている所に、パッーと光が流れて入ってゆくわけです。

一人が二人、二人が十人、十人が百人、千人が万人、万人が一億というように増えてゆけば増えてゆくほど、光はこの地上界を照らすわけです。そうすると戦争をしようという想いも、あいつが憎いという想いも、だんだん、だんだん消されてゆくんです。

神様のみ心の中には対立がないんですから、み心が現われてくると、喧嘩しようと思っても自然に止《や》めてしまう。ああつまらない、そんなことしていちゃダメだ、というふうになってくるのです。

そういう人を一人でも多くつくれば、自ずと軍隊がどうとか、安保がどうとかいう必要がなくなってくるわけです。光がいっぱい入って、みんなが平和を祈るようになる。世界人類が平和でありますように、というポスターが日本中に貼り出され、日本中の人が世界が平和でなければいけない、と世界平和の祈り言葉を思い、唱えていますと、みんな自然に仲良くなってくるでしょう。

国や人種を超えて手を握り合える祈り

平和の祈りをしている人はみな同志です。お互いに「あなたも平和の祈りをしていますか」「あなたもですか」というふうに世界平和を祈る人を見れば、なつかしい感じがします。人種を超え、国家を超え、言葉を超えて、みんなが手を握り合えるわけです。

ですから私などはアメリカ人とも知り合いだし、インドの人とも知り合いだし、パキスタンの人も知り合い、みんな知り合いです。そうなると国籍など関係ありません。世界平和の祈りを通して天から光がさして来て、国も人種も、民族も言葉の違いも超えて、みんなが手をつなげるようになるわけです。

この祈りは誰も彼もが反対できない祈りなのです。世界人類が平和でありますように、という言葉に反対する人は誰もありません。何故かというと、神様のみ心から出ているからです。みんな神の子だから、神様のみ心が判らないわけがない。

ところが軍備だ、いや軍備はダメだ、丸腰にならなければダメだ、というのは神様のみ心ではなく、人間の勝手な心だから、世界中には広まらないのです。必ずセクショナリズムな考えになって、反対が出てくるわけです。

しかし、我々の祈りによる平和運動には反対が有り得ない。

その運動をみなさんがやっていてくださっているのです。青年も直感的に感じて、熱心にやってくれているわけですね。家庭の主婦は、おかずが高くなった、お肉が高くなった、お魚が高くなった、家計をやりくりしなければ、とそればかり考えていますから、平和運動ばかりやっているわけにはいかないんです。青年や学生諸君はそんなに食う心配はないんだし、他のことを考えないでよいから、学問と、国をよくしよう、社会をよくしよう、というのを熱烈に思っていけるわけです。

だからどうしても青年や学生が先頭になるわけね。一家の主人とか、一家の奥さんというのは、そのあとから続いて、それでみんなを応援するわけです。

ですから青年、学生諸君が一生懸命やるためにも、家庭を守りながらでも、無理をせず応援して、この祈りによる平和運動が世界中に広まるよう、協力していただければと思います。

もう一度言いますが、祈りによる平和運動は大調和運動です。相手をやっつけちゃえ、とか、相手を叩き潰せというのではないのです。祈りによってみんなが仲よくしていこう、世界中みんなが手を取り合って祈っていこうというのですから、敵が一つもないわけです。

◆大調和の魂力《たまぢから》を発揮する

自分と人類を貫く平和の祈り

世界中に世界平和の祈りが広まって、祈ってくれる人が千万人ぐらいになったならば、本当に軍隊はいらない。自衛隊も何にもいらないというふうになります。本当に何にもいらなくなると思います。千万の平和の祈りの人がいれば、それほど平和にする力が強くなるわけです。ですから根本的には軍備や何かは、本当は必要なくなるんです。必要ないほうがいいわけです。

しかし現在の段階にあっては、実際問題そんなこと言えないんです。何故かって言うと、未だ生命を神様にお返ししている、神様のみ心のままに生きている人が少ないからです。すべてをお返しして、平和の祈りをしている人が少ないからです。

しかし、そういう人が多くなれば、軍備も何もいらなくなるんです。もし日本がそうなったら、世界が驚倒《きょうとう》しますよ。ああ日本っていうのは素晴らしい国なんだな、素晴らしい国民なんだな、と。私たちも見習おうって。平和を望んでいない国はないんですから。儲かるから戦争してる人たちは別として、ほとんどの人々は平和を願ってますからね。

だから日本が例えば千万、千万と言わず百万でもいいですよ、百万の人が神様に生命をお返しして一生懸命平和の祈りをしていれば、外国はみんなついて来ます。それはもう必ずついて来ます。私は断言しますよ。

何故かっていうと、日本人はあんなに国民の心が一つになって平和を願ってる、素晴らしいなあ、と必ずそのひびきに感じて、世界中で平和運動が広がるからです。だから、まず日本が平和の祈りを通して、平和運動の中心にならなければならないと思うんです。そのためには軍備がなんだとかいうことはひとまずおいて、平和の祈りに徹して、すべて神様にお返しして平和の祈りをする、という運動にしていかなきゃいけません。

それにはやっぱり、皆さんがはっきり心の中で、神のみ心なくしては私たちは生きていられないんだ。神様のみ心なくして、人間が生きていることは出来ない、ということを自覚することです。

神様の恩寵によって、守護霊、守護神の恩愛によって私たちは生かされているんですね。だからそのお礼に、どうしても世界平和の祈りを続けなきゃいけない。私たちが生かされてるのは神様の恩なんです。

その神様は何を願っていらっしゃるかって言えば、世界が平和になることを願っていらっしゃる。私たちも本当はみな世界平和を願ってる。だからこそ、世界平和を心を込めて祈らなきゃならないと、そういうふうになるわけですね。

だから神様へのお礼のためにも、人類すべてへのお礼のためにも、世界人類が平和でありますように、と祈らなきゃいけませんよね。それはもう人間としての義務です。そういう意味で、先にこの平和の祈りを知った人が心を固めてやれば、自然と他の人もついてきます。もう、そういう時期が来ています。ですから、どんどん活発にこの祈りを広げていただきたいと思います。

まあ、私が見てますと、中国では青年たちが必死になって国を思っていることが判ります。中国は自分たちがつくっていかなきゃいけないんだ。中国のために、国のために、自分たちは生命も何にもいらない。もう遊びも自分の享楽も、そういうものを全部捨てて、国を興そうとしてやってるわけです。

あれを見ると胸が痛いですね、素晴らしい。そのやり方は必ずしもよくないこともあるけれども、心の中にあるものは、本当に国を愛する心なんですね。

だけど日本人は今、国を愛する心がなくなっちゃったんです。少なくなっちゃった。国なんてのをあまり考えないんです。自分の生活、自分の享楽、自分自分って、自分の立場さえ立てられればいいわけです。

ところがね、自分の立場っていうのは、国の安否が重大な鍵になる。国が安全でなければ自分の立場は成り立たないし、国が安全であるってことは、そもそも世界が安全でなければならないわけです。

だから自分の立場を立てるためには、国の安全を計らなきゃならないし、世界の安全を計るためにも国の安全を計んなきゃならない。

どっちにしても、国家を通してでなければ働けないんです。国家、社会を通して同胞として、みんなが力を合わせてやらなきゃいけないわけです。そういう運動が、私共がしている運動なんです。

自分のことを全然思わないなんて人はありませんですよね。いったん戦争になって、攻めて来られたりしたら、もう自分の立場どころじゃないけれども、平和の時には、やっぱり自分の立場を思うんです。

だから自分の立場を思って悪いとは、私はちっとも言わないわけです。自分の立場を思い、自分の生活を思いながら、しかもそれを世界平和の中に入れてしまいなさい、とこう言うわけです。

世界平和の祈りの中で自分の立場を改めて頂き直すんだと、こういう言い方をしてるわけです。だから自分と社会、国家、人類というものをひとつに貫いて平和にしてゆく、それが平和の祈りの運動なんですよ。

宇宙神の中心の働きの現われ

宇宙の中心の神様は、宇宙神です。その宇宙神は、人間の姿として現われることもありますが、ただ宇宙神の全部の力が現われるわけじゃありません。宇宙神の力が全部現われるってことはありません。

何故かと言うと、宇宙神というのは、地球だけを見てるだけではないですからね。地球だけに働いているわけではない。あらゆる何億、何兆ってある星を全部動かしているのが宇宙神の原動力ですから、それが全部一人の人間に現われるってことはありません。

けれども宇宙神の力が現われて、地球なら地球の中心となるとか、そういう形で現われるのです。

本当は日本の天皇というのは宇宙神の中心の働きなのです。宇宙神の中心の働きが、地球界に天皇を下ろしてるわけです。本当の意味ではそうなんです。そういうことになってるわけです。

だから本当に世界が平和になる時は、いわゆる天皇という形で神様が天下《あまくだ》って中心になるか、あるいは違う形になるか、これはまだ判りませんけれども、本当に世界が平和になる時には、神様の宇宙神の中心の力が地球界に働いて、中心の人間が必ず一人出来るわけです。

それで腕になる神様の働きもあるでしょう。足になる神様の働きもあるでしょう。それで私がいつも言うように、円形のピラミッドになって神権政治が出来るようになっている。それは必ず出来るようになります。神権政治が行なわれなければ、この世界は滅びてしまうんです。必ずそれが出来ますし、もう既に神界には出来てるんです。地球にはこういうものが現われるというものが出来ていて、待機してるわけです。神々が自分の役目を待機して待ってるわけです。

今も働いているんです。黙って待っているわけじゃない。働きながら待ってるわけです。そして、やがては一番宇宙神の力の中心の力を持った人――神人ですね、それが中心になって、また神々の裔《すえ》が全部集まって、それで円形のピラミッドになって世界が平和になってゆくんです。

それが早く来るか、遅く来るか。要するに損害が多くて来るか、損害が少なくて来るか。それには皆さんの平和の祈りの力が、非常に大きくかかわっているんですよ。

皆さんは、自分たちが平和の祈りをしても大した働きがないって思っているかもしれません。ところが一人が祈る平和の祈りというのは、素晴らしい力を持っているんです。

キリストも言ったでしょう。一人の人が動けって言えば、岩も動くんだ。嵐よ、静まれって言えば、嵐も静まるんだ。それくらいに本当に信じれば力があるわけです。

だから自分の平和の祈りも神様がやっていらっしゃるんだ、守護霊、守護神が自分の身体を使って平和の祈りをしていてくださるんだと、そういう感じで平和の祈りをしてもいいわけです。そうすると非常に勇気が湧いて来ます。

魂力の出る一番の根源は平和の祈り

まあ今の日本人は、みんなが呑気にやっていますでしょ。日本は呑気にしていられるのが有り難いんですが。

昨日もある学生が、アメリカは自由な国だから一遍行って、アメリカの自由さを味わってみたい、とかいろんなことを言ってましたけどもね、今一番自由なのは日本です。アメリカは自由じゃありませんよ、特に若い人なんか。

何故かって徴兵で戦争に引っ張って行かれますもの。軍隊がありますから、軍隊に徴兵されるからちっとも自由じゃありません。やっぱり縛られてます。

今、日本の若者ほど自由な者はない。若者もお年寄りもそうですけど、日本ほど自由な国はないんです。こんなに自由な有り難い国なんだから、この国を潰しちゃ大変ですよ。潰さないうちに、守らなきゃならない。

守るってことは軍備をして守るのではなくて、心の中で守らなきゃならない。心で守る力は何かって言うと、さっきも言ったように神様の力でもって守る。これ以外に守れっこないんです。肉体の力じゃ守れない。

日本人には武器もないんだし、アメリカにもソ連にもかないっこないんです。中国にさえかないません。中国は原爆を持ってるし、武力じゃ、逆立ちしたって防ぐことは出来やしません。だから武力では、日本はとても世界にかないっこない。

何で勝るかって言うと、魂力、魂の力です。魂の力においては日本に勝る国はないんですよ。日本はそういうふうに出来てるんです。日本は大和《だいわ》の大調和の国の、大和の中心になるように、もう昔から神様が肉体人間を創った時から決まってるわけです。

だからそれを、魂力というものを使わなきゃいけません。魂の力は何かって言うと、それは祈り心です。祈り心によって魂の力がつくんです。守護霊、守護神とピタッと一体となって、神様と一つになることによって、今まで力が弱かった人が凄く強い人になるわけです。

実際、私自身がそうなんだから。三十前までは普通の青年だったんです。それが神様に生命を投げ出しちゃって、生命を捨てた。そして本当の生命を得た。

本当の生命を得てから素晴らしい力が出てきた。その素晴らしい力が出ると、ああこの人は力があるって、人がついてくるわけです。それで今の私になってるわけです。

だから皆さんだって、いつ力が出るか判りゃしませんよ。だからいつもいつも守護霊、守護神につながって平和の祈り一念にしてればね、今まで気の弱い人がきっぱり気が強くなるんです――それで人をいじめちゃ困りますよ。祈りをしたら気が強くなって、人をいじめるようじゃダメだけど、調和した力、調和の力、人のためになる力が出てくるわけです。猛烈に出てくるんです。それを信じなきゃいけません。

何故ならば、もともと人間は神様の子なんだから。神様の生命、神様の魂を、霊魂をそのままもらって、分け生命として分霊《わけみたま》としてここにいるんだから。もともと力があるに決まっているんです。

力がないように見えるのは何でかって言うと、自分に力がないと思ってる、そういう想いが力をなくしてるんです。自分はダメなんだ。自分はこれだけの人間だって思ってるもんだから、これだけ以上の力が出やしませんよね。

ところが火事や何かになったりすると、うんと力が出て、日頃持てもしないくらいの重たいものを持てたりして、慌てるとバケツでも何でも持って行っちゃうけど、そういうふうに急に力が出ることってありますよね。

それと同じで年中、日頃から守護霊、守護神につながっていて、自分の想いから離れていれば、いざっていう時に凄い力が出るんです。

そして、一番力の出る、魂力の出る、一番の根源は祈りなんです。祈りの中でも平和の祈りが一番力が出るんです。

だからそれを弛みなくやっていらっしゃれば、皆さん自身が立派になるに決まってます。皆さん自身が立派になることは日本を立派にし、世界を立派にする。これはもうイコール。日本を立派にし、世界を立派にする、そして自分が立派になる、それは同じことなんですよ。

自分に自信を持つことは大事です。自分に自信を持つには、やっぱり自分は肉体の人間なんだって思うのはダメなんですよ。自分は神様から来ているんだ。神の子なんだ。守護霊、守護神に守られて生きている自分なんだ。だから自分がここに生まれて来たことは、天命があって生まれて来たんだから、その天命を果たさなきゃ死ぬことはないんだ。

だからどうぞ私どもの天命を完うせしめたまえ、守護霊さん、守護神さん有り難うございます、と世界平和の祈りを祈ればいい。それを続けていれば、知らないうちに力がうんと湧き上がってきます。

そういうことなんですよ。すべて自分の想いが決定するんですからね。

想いが弱かったら本当に弱くなっちゃう。ジメジメしたら、ジメジメしちゃう。ダメだダメだって思えばダメになっちゃう。

だからわざわざ俺は偉いんだ、俺は偉いんだってやったんじゃ困るから、すべてを神様へお任せしてゆく。

神様の中へ入ってしまえば、神様の力が全部出て来るんだから、否でも応でも強くなります。立派になります。そういうことです。

（昭和四十二年九月）

◆まず心の平和を

平和でない状態が充満している現代社会

最近、精神異常とかノイローゼとか、精神系統の病気の人が、突然に狂暴性を発揮して、人を殺したりする事件が多くなっています。困った問題です。

一番問題なのは精神状態が平和でないということです。精神状態ばかりではなく、すべてにおいて平和でない状態がこの地球世界に充満している。

それは、幼稚園の時から大人になって就職するまで、ずーっと圧迫されているわけですね。勉強しなければならないとか、試験を受けなければならないという圧迫、社会に出ては、また社会からの圧迫が続く。

それに、この世の中が騒がしすぎる。落ち着いたことが一つもない。ジェット機はうるさく飛んでいるし、自動車もたくさん走っているし、都会はあらゆるものが騒音で掻き立てられています。常に神経がいらだつような、平和にならないような状態が山積しているわけです。

こういう状態が先に直らないと、病人を病院へ入れたってなかなか治らない。精神病者が増えるということは、一面には社会状態が悪いからなんですね。

言い換えると、個人というか人類というか、人間の潜在意識に埋没されている、抑圧され詰めこまれていた想いが、今生でもって非常に活発に表面に浮き出しているんです。

いわゆる地獄が、現象界の表面に現われてきているという状態なんです。隠れていたものが、善いものも悪いものも全部外へ出てくるという状態です。そういうように宇宙の運行がなっている。

だから好むと好まざるとにかかわらず、精神病になる原因のもの、癌になるような原因のもの、あらゆる病気の原因、不幸、悪の原因という、内に潜んでいたものが全部吹き出してきているんです。だから現われの状態を処置しただけではどうにもならない。根本から直さなければならないんです。

そこで、自分の心を平静にして、精神状態を安定するようにしてゆくことが、まず第一です。

現在は、いいかげんな応急的なつぎはぎではなくて、根本から直さなければならないような時代に人類全部が追いこまれている。個人も人類も、あらゆるものを根本的にきれいに浄化して、清らかな魂にならなければこれから先は生きていけない、というような地球世界になってきているのです。

その一つの現われとして、精神病のような形で殺傷事件がたくさん現われてきているわけです。それを防ぐためにも自分たちがまず心の平和を得る、自分たちの心が平和になるという運動が一番大事なんです。

戦争だけを防いでも、みんなが訳の判らない病気になったらしょうがないんですから、何をおいてもまずなさねばならないことは、心の平安ということなんです。自分の心が平和になる、みんなの心を平和にするということです。ところがそれがなかなか簡単に出来ないんですね。

今こそ真実の宗教運動が必要

何故、平和にならないかというと、自分の想いのせいなんですよ。現われている想いも潜在意識も含めて、自分の想いが平和でないわけです。

しかし、顕在意識も潜在意識も同時に、全部平和な心にしなければならない。表面だけニコニコしてみたって、表面だけうまくきれいごとを言ってみても、飾ってみても、根本的に平安になったのでもなければ、治ったのでもない。

医者が精神病者に注射を打って眠らせてみても、ショックを与えても、その時は静まるかもしれないけれど、それは治ったのじゃなくて、実は内に抑圧された想いが一杯残っているわけです。それがあるうちは治ったということにならない。病気に限らず何事でも、表面の意識、潜在意識を共に含めて、自分の心が平安になるという方向にもってゆかなければ、問題は解決しません。

だから、今こそ本当の宗教が必要なんですよ。ただ単に病気を治す、貧乏を直すというような、現われている物事だけを扱うのじゃなくて、根本である本心と、潜在意識と、表われている意識とが一つになるような、そういう宗教運動がどうしても必要なんです。それを私は力説しているのです。

現われてくるものは、病気でも不幸でも嫌なことでも、なんでもかんでもこれはすべて消えてゆく姿なんだ、消えてゆくに従って本心が現われてくるんだ、と説いているのです。

本心を一日も早く現わすためにどうしたらいいか、というと、たとえ人をとがめるような心、自分を痛める心が出て来ようと、不幸な事態が現われようと、不都合な状態が出現してこようとも、それはすべて〝消えてゆく姿〟であると思い、続いてその想いを〝世界人類が平和でありますように〟という大救世主の大光明の中に入れてしまう。

常に大光明の神のみ心の中に自分の想いを入れ切っていれば、現われるべきものは現われてくるけれども、あまり自分にも人にも苦しみなく現われて、消えていって、やがて消え切ってしまえば本心が現われて、心が平安になるんだ、と説いているわけです。

〝消えてゆく姿で世界平和の祈り〟というような、想いを換えてしまう、潜在意識にたまっている想いも、現われている想いも、不平不満の想いも、全部神様に委ねて、神様の大光明波動で浄めてもらう。そうしない限りは、人間は幸福になりません。それどころか、世界は滅びてしまいます。どんどん地獄の姿が現われてくるんですから。

幽界の姿、潜在意識にあるあらゆる抑圧され、押し詰められた想い、恐れる想い、憎しみの想い、暗い想い等、一杯たまっている想いが、宇宙の運行と共に外に追い出されてきて、表面の意識に昇ってくる。体に現われてくるという時代なんです。だからいろんな病気も、いろんな不幸も現われてくるんです。

現われてくるものを現われてくると同時に、それを全部消し去って本心開発、魂の開発のために役立たせなければいけない。

そこで私は、あらゆるものは消えてゆく姿なんだ、消えてゆくに従って本心が現われるんだ。しかしその消えてゆく姿をどこへやったらいいか判らないだろうから、人類の本当の目的であり、人類が悲願し熱望している想いの中に入れればいい。それは何かというと、世界が平和になることです。そこで〝世界人類が平和でありますように〟という祈り言の中に、あらゆる想いを消えてゆく姿として入れてしまいなさい、と教えているんです。

〝世界人類が平和でありますように、私共の天命が完うされますように、守護霊さん、守護神さん有難うございます〟と常に常にそれを繰り返していれば、いつの間にか顕在意識の想いから潜在意識の幽界、霊界まで、すべて世界人類が平和であれという、人類愛の神のみ心の光がそのまま入ってしまって、自分は光一元になってしまう。そうすると自分は平和になりますね。

まず自分が平和になること

自分が平和になるということは、周囲も明るく照らします。周囲を照らせば、だんだん社会も平和になってゆく。そういうように連関的に光明波動が世界中に広まってゆくのだ、といつもそればかり説いているわけです。

これは簡単に見えるけれども、実践しなければ出来ない。しかし先を急ぐと難しい。だから、その場その場で、そのままやっていればいいんだ、そのまま〝消えてゆく姿で世界平和の祈り〟さえやっていれば救われるんだ、大丈夫なんだ、という簡単な想いで毎日弛まずやっていれば、知らない間に本心が開発されてゆくのです。

現われてくるものはみんな消えてゆく姿です。何故かというと、この世の中というのは玉石混淆《ぎょくせきこんこう》で、神様のみ心の光と、人間の勝手な想いとが入りまじって出来ている世界だからです。

では人間とは一体どういうものであるかというと、実は神の子であって、この世の中は神のみ心しかないのです。神様のみ心は完全円満なのだから、完全円満でないあらゆるものは、実在するものじゃないんです。だから消えてゆく姿に違いないんです。

本当にあるものじゃない、といっても、実際に現われているんだから、現われているものは否でも応でも一旦は認めなければいけません。悪人のいることも事実だし、弱肉強食の姿も事実だし、そんなものは本当はないといったって、現にあるわけです。

そこで私は、ないのではなく、現われているものは現われているものなんだ。しかしそれは実在ではなく、いつかは消えてしまうんだから、ああそれは消えてゆく姿だ、嫌なものはみんな消えてゆく姿だと思って、それを世界平和の祈りの中に入れてしまって、大光明波動と嫌な業想念とを取り替えてしまえばいい。

そうやってどんどん取り替えていれば、いつの間にか潜在意識はきれいになり、世界中の潜在意識がきれいになって、世界が平和になるんだから、一生懸命、倦まず弛まず世界平和の祈りを祈りなさい、と言うんです。一生、二生、三生かけてもやらなければダメですよ。

もっともその気持ちならば、一生のうちにすっかりきれいになります。しかも自分がこの世に存在しているということが、地球人類のためになるような、そういう菩薩的な人間に、知らない間になってしまうのです。

だから精神病ばかりでなく、あらゆる病気、あらゆる苦悩、悲しみ、憎悪、闘争をすっかりなくすためには、自分の心をまず平和にし、人々の心に平和の光を与えるという運動がなされなければいけません。私たちは現在それをやっているのです。

根本的な生き方を見失わないように

現世の人間の考えというのは片寄っています。でも、右へ行きすぎても困るし、左へ行きすぎても困るんです。

例えば日本にしても、日米安保条約というのがあります。そして切り換えの時期が迫っている。そういう条約があったほうがいいのか、ないほうがいいのか。いろんな問題があり、いろんな議論がある。

条約などないほうがいい、あるからこそアメリカに拘束されてしまって、隣国の中国とも仲よく出来ない、敵対視されるんだ、という説もあれば、あるからこそ中国やソビエトが攻めて来ないいんだ、という説もあり、いろいろです。

また、軍備にしてもそうです。憲法を改正して再軍備しなければいけない。そうすれば中国や北朝鮮から入って来られない、という説もあれば、アメリカに協力して基地などをおいているから、いざアメリカと中国が戦争になれば、日本の基地はまず叩かれるだろう。そうすると被害を蒙るのは我々だから、軍備などないほうがいいんだ、という人もいる。

両方ともごもっともです。人間の頭ではどっちがどっちか判らない。

現象に現われている、変化している姿を見ると、どっちが良くてどっちが悪いのか判らないのですよ。そこで私共は、そういう枝葉の動きとは関係なく「私共はそういうことは判らないから、世界人類が平和であることを念願することしかありません。それより私共は方法を知らないいんです」と言って世界平和の祈りを宣布すればいいのです。

みんないろいろなことを言いますよ。中国が核実験して核爆弾を持った、それを防備するにはどうしたらいいか？　やっぱり日本も核爆弾を持って防備しなければダメだ、というようなことを言う宗教家もいる。

そういう人に問い詰めてみたらいい。核爆弾を持った後はどうなるのか、再軍備した後はどうなるのか。徴兵の問題、軍事費の問題、それらは直接生活にひびいて来ます。核戦争がもしあったらどうするか、そんなことはありっこない、と言う人はそういうことの先を考えていない人です。

私共は核爆弾を持つとか持たないとか、軍備するとかしないとか、そういうことは関係ありません。そんなことよりも先に、まずみんなの心が、世界人類が平和にならなければいけないんだ、みんな平和だけを願っているのだから、みんなで力を合わせて世界平和を築き上げようじゃないか。そのためにはまず世界平和を本当に念願する人たちを、一人でも多く集めようじゃないか。それには何か目標がなければならない。そこで〝世界人類が平和でありますように〟という祈り言葉を目標にして、そこに全部結集させようじゃないか。それでみんなの心を平和にして、戦争の脅威を人々の想いから取り除いて、平和な心で生きるような、そういう地盤を作ろう、というのが私共の世界平和の祈りの運動の始まりなのです。

世界平和の祈りに神々がみんな結集してきて、救世の大光明になり、世界平和の祈りをする人のところへ光が流れてゆくのです。その光が横に広がって地球を浄めているわけです。

〝世界人類が平和でありますように〟と皆さんが祈る時には、皆さんの体を通して光が流れてゆくことは確かなのです。この運動はそういう神々の指揮したもう運動になってきているのです。ですから皆さんは、世界平和の祈りは素晴らしいんだ、ということを会う人ごとに言ってもいいんです。

平和運動の拡大は身近なところから

「私は世界平和の祈りをしていましてね、なんでも世界が平和にならなきゃ、このままではどうにもなりませんものね」というようなことを、家庭の主婦が口にするようになれば、なんとなく世界平和というのが広まってゆきますね。実は誰でも本当にそうだなと思っているんですから。ただ忙しさに紛れて、それがどこかにいっちゃっているだけです。

そういう人たちの心の中から、世界が平和にならなければいけないから、みんなでもって世界平和を念願しましょう、という気持ちを引き出してさえやればいいのです。その時、言葉で押しつけがましく言ったりすると反抗したりする。妻が夫に言えば、夫は、何を言っているんだ、訳も判らぬくせに、というかも知れない。

だから本を見せたり、リーフレットなんかを配ったりして、少しでも多くの人が世界平和の祈りを祈るようになってもらいたい、ということを私は念願しているわけです。

どうやったら平和の祈りが広まるか、ということを考えながら生きていると、楽しいと思うんですよ。自分たちが世界平和を創るんだという気分が盛り上がります。盛り上がってゆくと、自分の家庭のことにあんまり把われがなくなってくるのです。「私は世界平和のために、目立たないけれど役立っているんだ」というプライドというか、そういう自尊心が昂《たか》まってくる。自分は世界平和のために働いているんだ、という意識があると、後の小さいことはどっちでもいいと思えるようになるから、心に余裕が出てきます。すると向こうの言うことをハイハイと聞けるようになります。

自分の想いをあんまり家庭にしばりつけていると、全部の目的がその中に入ってしまう。家庭、家庭と心が小さく萎縮してしまう。

そして、自分の家庭や、自分に都合が悪いことが出てくると、すぐ腹がたってきたり、夫が自分の言う通りにしてくれないと腹がたってきたりするんです。それは心が狭くなるからです。家庭にしばられた心だと、家庭内のことだけが重大に見えるんです。

ところが世界から見れば夫が小言を言おうと、子供がどうしようと、微々たるものでしょう。だから世界が平和にならなければ自分たちは生きていても張り合いがないんだし、この世の中はダメになってしまうんだから、世界平和がまず第一なんだ、という大きい想いの中で生きていると、子供が文句言おうと、夫や妻がチョコチョコ言おうと、ハイハイと聞きながら、この人たちの天命が完うしますように、もっと広い心になりますように、と祈れるようになる。そうすると余裕が出て来て、家庭もうまくいくのです。

あまり一つのことを、これでなければいけない、あれでなければいけない、と決めつけていると、それに心が片寄ってしまって、心が自由にならなくなる。

夫が自分の思う通りにしてくれないと夫が憎らしくなってくる。夫、妻、子供、家庭というものに心がくっついてしまっているから、ちょっとでも自分の言うことをきかないと、腹がたってしょうがない。

しかし、くっついている心を離そうとして、離せなかったら、離せないままでいいから、そのまま世界平和の祈りの中に入れてしまう。そうすると心に余裕が出来て、世界情勢の危険な有様、ベトナムの戦争がちょっとしたことで大戦争になりかねないことが判ってくる。

そうすると、自分のことばかり思ってはいられないなと思う。「どうか世界が平和になりますように、アメリカの心が静まりますように、中国の心も平和でありますように、みんなが平和でありますように」と祈らずにはいられなくなるんですよ。

そうすると、自分の家庭の小さなことばかり思っていて申し訳ないな、なんて私は心の狭い女だろう、男だろうということになるでしょう。

心の平和を一番乱すものは何か

心が広がり、万事に余裕が出てくると、自分以外のことを思える心になってくるんですよ。家庭でも友達でも、仲が悪くなるのはどうしてかというと、自分の要求を通そうとするからです。自分の想いを通してくれないと相手がシャクにさわる。まして愛し合っている場合、近しい場合には想いが通らないと余計にシャクにさわってくる。

ですから人間の心を一番乱すものは何かというと、自分の想いを通そうとすることなのです。夫に、妻に自分の想いを通そうとする。子供に通そうとする。それで通らないとイライラしてシャクにさわってくる。だから通そうなんて思わないことです。

自分には世界平和を祈るという重大な役目があるんだ、自分の心からの願いは世界平和を成就することだし、それが本当の願目なんだ。そう思えるようになると、夫や妻への要求も、子供への要求もなくなってくる。そうすると大らかな、にこやかな妻になり、夫になり、父になり、母になる、ということになるんです。

そういう具合になると、うちの夫は、妻はよくなったな、お父さん、お母さんはよくなったな、立派になったな、というふうになるんですよ。そうすると、今度はそんなに強く要求しようとしなくても、向こうが要求を通してくれるのです。すべてそうです。こちらの要求のみを通そう、通そうとしている間は相手は言うことを聞いてくれません。しかし、向こうの要求を聞いてやろうと思うと、そうすると相手がこちらの要求を自然に聞いてくれるものなのです。

だから、まず大きい心のほうが下座《げざ》について、向こうの要求を通してやることです。そうするとすべてがうまくゆくんです。

それは何も家庭だけのことではありません。アメリカと中国の場合でもそうです。お互いが通そう、通そうとし合っているから、とうそう（闘争）になるんでしょ。語呂合わせみたいだけれど（笑）。

まず相手の要求を容れるようにしてやれば、相手も、あれだけ容れてもらったんだから、悪いからこっちも聞いてあげよう、というように、人間はみんな神様の子なんだから、どんなに悪そうに見えたって、しかも大国を支配しているような人は頭の悪い人たちじゃないんですから、人間が愛情を容れ合えば、お互いが通じ合うと私は思うのです。

互いに祈り合い、相手の神性を輝かそう

ところが反共の人たちは共産党は鬼畜だと思っている。こっちが譲ったら大変だ、譲ったらどんどん侵略されるに違いないと思いこんでいる。日本がかつて鬼畜米英だ、だから

もし占領されたら皆、殺されたり乱暴されてしまうと思った。

ところがそうじゃなかった。やはりアメリカ人もイギリス人も人間だった。それと同じように、ソ連人も中国人も、どこの国の人もみな人間です。人間というのは神様の光が入っているんだから、特別な狂人以外は平和、調和を愛さない人間はいないのです。だから祈り合って、相手の神性を拝み出すということが大事だと思うんです。

それにはまず日本人が実際の行為で示さなければいけません。日本人がまず、世界人類の平和を祈って、〝みんな神の子なんだ、守護霊さん、守護神さんお願いします、世界が平和でありますように〟と祈ることです。

そう祈る心は愛の心です。愛は光ですから、その光明がひびいていかないわけがない。必ずアメリカ人の心にも、中国人の心にも、ソ連人の心にも入ってゆく。

そこで、私共は、世界人類が平和でありますように、という一念で生きようと思っているのです。そうすると、アメリカ、中国に影響する力も大きい。と同時に自分の家庭にも影響する力が大きいのです。

自分の家庭もよくなり、世界人類もよくなるという、個人人類同時成道(どうじじょうどう)というのが、私たちの平和の祈りなのです。

世界平和の祈りのひびきというのは、宇宙運行の正しい法則に乗っているひびきなのです。だから正しい宇宙の法則に乗りさえすれば、世界は平和になるんだから、その法則に乗る人が増えてくればいいのです。それをみんなでやってゆきましょう。

（昭和四十年二月）

◆人生光明化の鍵

人間の二つの生き方

人間の生き方には、神の子としての人間と、因縁生《いんねんしょう》としての人間と、この二通りが考えられます。またそこで、因縁生を掴《つか》まえて生きてゆくか、神の子の自分を掴まえて生きてゆくか、あるいはそれをうまくミックスして生きてゆくか、といういろいろな生き方があるわけです。

普通の場合、神の子人間といいますと、宇宙神の分け生命であり、分霊《わけみたま》であるのが自分であるという考え方なのです。神道《しんとう》でもそういう考え方なのですが、私は、宇宙神の分霊であると同時に、さらに守護霊、守護神とつながっていて、大きな神の光を持っているものなのだ、というように説明しているわけです。

人間は宇宙神から直霊《ちょくれい》が出来て、その直霊から分かれた分霊である。直霊が神様ですから、分霊は神の子であるわけです。

であるのに、この肉体の世界で何生も生まれ変わっているうちに、霊体である自分というものを忘れ果ててしまい、肉体が自分なんだ、人間なんだ、という観念に把われてしまったんです。そうしますと、肉体観念と霊波動との間に大きな差が出来てしまうわけですよ。

霊波動というのは非常に微妙な波動だし、肉体波動は粗雑《あら》い波動ですから、両方がスッキリとつながらないのです。その隙間にカルマ（業）というものが生まれ、神様から離れた想いが生まれて、肉体人間というものと神様とが離ればなれになってしまった。

そこで宗教信仰というものが生まれてくるわけです。人間の元の姿、自分の本当の姿を知らなければダメだ、自分のものにしなければ本当の幸せがこない、というので宗教が生まれたわけです。

中には守護霊、守護神のことを言っている宗教もありますが、私共が説いておりますような、自分にピッタリとついている、自分専属の神様としてついている守護霊、守護神というものを教えている宗教はあまりありません。

ただ守護霊、守護神がいるという形であって、寝ている時も起きている時も、四六時中、瞬時といえども離れず自分についていて守ってくれている、個人専属の守護神、守護霊という感じを誰も持っていないわけです。観音様とか普賢菩薩《ふげんぼさつ》とかお不動様とかというように、大きな形だけであって自分に直接関係ないように教えられています。

私は自分の体験からして、守護霊というものは、先祖の悟った霊がきちんと子孫を守るためについているんだ、その上に守護神というものがついていてくださる。そういう四六時中、加護してくださる守護霊、守護神のお陰があって、自分たちは安楽に暮らしていられるのだ、と説いているのです。

それを守護霊、守護神なしに、ただ神の子だから完全円満なんで、業もない、病気もないんだ、という説き方ですと人間は本当には救われません。

まいた種は苅りとることになる

どうしてか――それは過去世からの業因縁というものがあるからです。

欲望といいますか、まず自分を守りたい、お金が欲しい、地位が欲しい、いろんなものが欲しいと思う。自分に都合の悪い人があったら憎んでしまう、しまいには死んじまえばいい、殺してしまいたい、そんなような気持ちも随分人間の中にはあるわけです。それはみんな業ですね。そういうものが過去世の因縁によって自然に浮かび出てくるわけ。

自分が思おうとするのではないけれども、誰かに会うと、ああ嫌だな、あの人は嫌だなと、前生の因縁のからみあいでもって嫌な人、とても好きな人、行って気持のいい所と気持の悪い所、というように自然に湧き上がるように、いろいろな想いが出て来ます。

それはどうしてかというと、過去世から今日に至るまでの業想念が、人を嫌がったり、憎んだり、恨んだり、自分をかばったり、いろいろと神様のみ心に合わない想いや、行為になって現われてくるからです。わざわざ自分でそうやるのではなく、自然に風があちらからこちらへ吹くように、どうしようもないことなのです。過去世から今日に至るまでの想念行為と自分の運命が一緒になっている。つまり、自分の想念行為が自分の運命を決定しているわけです。

だから今日、非常に貧乏している、あるいはいくら努力しても地位が上がらない、いくら人に尽くしても人に恨まれる、子供に邪険にされるとか、姑に邪険にされるとか、いろいろありますね。

そういうものも今の自分が作ったものでなくて、過去世において、自分がたとえば姑の立場になって嫁をいじめていたとすると、今度は生まれ変わってきて、自分がお嫁さんになって姑にいじめられる、という形に現われてくるわけです。

自分にお金があったのにケチケチして、自分だけが楽しんで誰にも施しもしなかった、そういう因縁が現われて来て、今生では自分が貧乏で貧乏で、いつも貧乏して苦しんでいる、という形になる。

その逆に、今そんなに働かず、いいことをしているように見えないけども、お金がたまってたまってしょうがない、贅沢でもなんでも出来るという立場に、自然になっている人たちもあります。そういうのはみんな過去世の善因善果、悪因悪果、いい因縁悪い因縁の現われが、ここに、現在に結果として現われてきているんです。だから今、現われている運命というものは、過去世の因縁が現われて創っているわけです。

才能なんかもそうです。すべてそうやって現われてきているわけ。だから今生のことはやっぱり過去世の因縁に支配されている。しかし、未来の運命は現在創っているのです。

だからひとまず過去世のことは仕方がないとあきらめ、それはどうしようもないから一応あきらめます。それで、未来をよくするためにはどうしたらいいかというと、今いい想いを出し、いい行ない、神のみ心に合った行ないをすることです。いかに今、金持ちでいい地位があって威張って、いい立場にあるように見えようとも、施しもせず、いい行ないもしなければ、必ず未来で地位も崩れるし凋落《ちょうらく》してゆきます。絶対によくなりません。

今、地位があって威張っている、自分のことばかり思って人をいじめている、まるで人を蔑ろにしている、というような人は未来においては必ず凋落するのです。そのようになっているのです。

日本の天命を生かす

だから私はよく言うのです。アメリカがベトナムを爆撃していますが、ベトナムは随分アメリカを恨んでいます。

アメリカは一方ではいいことをしているように見えながら、その結果として非常に悪いものが生まれてくるわけです。他にもアメリカに憎悪の感情を持っている国々がある。そういう想いがかかってきて、このままの状態でアメリカがゆくならば、決してよいことはありません。

日本が太平洋戦争で負けたのは、それまでに中国を痛めつけ、中国の権利を奪ったり、日露戦争でロシアを負かし、第一次大戦ではドイツを負かしたり、人や国を痛めて勝って驕りたかぶっていたからです。そういう想念感情が跳ね返ってきて負けたわけです。日本は一旦それで苦しんだけれど、負けたので裸になって、みんなが苦しみをなめて、平和でなければいけないと、一生懸命生きてきたわけです。

ところが今の日本は、まだまだ本当に自由な世界でなくて、首相にしても日本独自の政策をなかなか行なえないんです。いちいちアメリカの指図を受けるわけでもないけれども、アメリカの機嫌を損なわないようにしなければならない形になっているわけです。まだまだ日本の本質が現われていません。

過去の歴史でいろいろ行なったこと、思ったことの集積が現われて、今日の日本の姿になっている。だけどそれは本当のものではない。

本当の日本の姿を現わすためにはどうしたらいいかというと、本当の日本人の心に帰らなければいけないのです。

本当の日本人の心というのはどういうものかというと、愛と調和、誰とも彼とも仲よく出来る大調和の心です。正しいものは正しいように現われ、邪《よこ》しまなものは自然に消えてゆくという形。日本は日《ひ》の本《もと》の国ですから——日の本というのは霊の元の国、霊の根本、根源の国ということであり、それが日本の天命なのです。

日本は、霊の根源の国であり、大調和の国であるという実体を現わさない限りは、本当には幸せにならない。日本が幸せにならないということは、世界人類が幸せにならないということなのです。何故かというと、日本は大調和を創る、霊の根源の国であり、そういう天命を持っているのだから、日本が大調和しなければ世界は調和しないわけです。

そこでよくよく見てみますと、今の日本はまだまだ、調和してはいません。右だ左だ、なんだかんだ、と四分五裂して騒いでいるわけです。だから、一人一人が集まって本当に調和の姿を現わしてゆく必要があるわけです。そこに生まれたのが世界平和の祈りなのです。

多くの人が前生の因縁因果のままに巻きこまれていて、神様のみ心そのままに生きていないのです。みんな業想念波動の中に巻きこまれて今日まで来ているわけです。けれども、その業想念波動のままに巻きこまれていったんでは、いつまでたっても個人にも人類にも幸せはこないんです。

そこで守護霊、守護神さんの力を借りて、守護霊さん、守護神さんお願いします、神のみ心を現わし得ますように、どうか大調和した日本が生まれますように、どうか平和な日本が生まれますように、という願いをもって生まれ出たのが〝世界人類が平和でありますように、日本が平和でありますように、私たちの天命が完うされますように〟という、守護霊、守護神さんに感謝の祈りを捧げる祈り言葉なんです。だから必然的に、自然に世界平和の祈りが生まれたわけです。

因縁因果を超える道

この世の中は因縁因果で流れています。過去世の因縁因果によって貧乏もするし、金持ちにもなるし、変な想いの癖も持つし、不幸な境涯にもなるし、姑さんにいじめられたり、お嫁さんにいじめられたり、いろいろな不幸とか、災難とかつまらないことが起こるわけです。ですから因縁のままに動いたのではダメなのです。

いい行ないをしようと思っても、自分の中から湧き出てくる変なものがあって、なかなかいい行ないが出来ない。人を恨むまいと思っても、そう出来ない想いが湧き出てくる。虚栄心を持つまいと思っても、スーッと虚栄心が出てきてしまう。

そこで私はそういう因縁因果の想いというもの、あるいは行ないというものは、みんな過去世の因縁の消えてゆく姿として現われてくるんだから、その消えてゆく姿をどこかへ消してしまわなければならない、と教えているんです。消すためにはどうすればいいかというと、世界平和の祈りの中に、自分のあらゆる想いを入れてしまえば——世界平和の祈りは神様のみ心ですから、み心と全く合体した祈りだから、そういう祈りを祈ると、神様のみ心がそこに現われてくるわけです。

神様のみ心というのは大調和であり、大光明でもあるのだから、その中に守護霊、守護神さんへの感謝と共に入って行くと、今までの過去世からずーっと流れてくる因縁因果の波がどんどん消されてゆく。消されていって潜在意識に残っているものは何かというと、世界人類が平和であれ、という大調和の想いだけが残ってゆくわけです。それをやってゆくと、知らない間に日本人本来の、調和した想いだけがそこに残るわけです。

そうなってしまうと個人も立派になるし、日本全体も立派になるわけです。けれどその原理を知っている人が少ない。しかし、世界平和の祈りを祈る人は知っていて、それを徐々に行なっているわけですが、それが広まってゆけば、否でも応でも日本に本当の姿が現われてくるんです。

日本に本当の大調和の姿が現われれば、世界は必ず大調和してゆく——そういうことになっているんです。日本人すべてが全部調和した心になってゆけば、それはすごい大光明波動になって世界中を包むわけです。

だから一人でも多く平和の祈りをする人が増えれば、それだけ日本はよくなるし、世界の戦争は防げるし、世界の天変地変は防げるわけなのです。天変地変も、戦争も、みんな過去世からの業因縁からの波が地球に、人類に覆いかぶさってきて現われてくるのです。

だから、世界中に大災害として、大戦争としてそれが現われてくる前に、私共の世界平和の祈りの大光明でそれを消してしまおうと、一生懸命やっているわけです。

だから皆さんも自分の不幸や災難があっても、どんなことがあってもそれはみんな消えてゆく姿として、どんどん平和の祈りの中へ入れてしまって、自分が幸せになると同時に日本を幸せにし、世界を幸せにするように、日々生きてゆくことが大事だと思うのです。

そうやっていますと、病気の方でもなんとなく心が明るくなって、病気に把われなくなるような、そういう心境になってくるのです。だから因縁因果の法則というものを判って、因縁因果を超えてゆく、平和の祈りの中に入ってゆくことが大事なのです。

それは万巻の書物を読むよりも、どんな知識を得るよりも、まず最初にやらなければならないことなのです。それで世界平和の祈りをやりながら、仕事なら仕事をし、勉強をし、いろんな努力をし、家庭の主婦は家庭をよくしていくことです。

今からよい種をまくこと

仏教では善因善果、悪因悪果といって因縁因果というものを説きますが、やはり因縁因果の法則というものを知ることが大事です。

自分が貧乏していて、オレがいくら働いても貧乏なのは、世間が悪いんだ、社会が悪いんだ、と言う人がいるけれども、実は社会が悪い、世間が悪いんじゃなくて、自分の貧乏の原因は、過去世の自分にあるのです。過去世といわなくても、今生にもありますが、過去世からずーっと伝わってきた因縁によって、貧乏をし、あるいは病弱に生まれ、才能がなく生まれるんです。

また、なんら偉くもないのに金持ちで威張っている、という人があるかもしれない。しかしお金持ちになるにはお金持ちになるように、地位が高くなるには地位が高くなるように、過去世において一生懸命やっているわけです。そういう種をまいているわけです。

まかない種は絶対に芽を出さないのですから、富んでいる人は富むべき種をまいたのだし、貧乏しているのは貧乏すべき種をまいたわけです。だから人のせいにしないで、みんな自分の過去世の因縁なんだな、と思うことです。そうすると一応そこで割り切れるわけね。しかしそれだけでは進歩がありません。ただのあきらめになってしまいます。

そこで、これは自分が作ったものなのだから、自分が改めて作り直せば必ずいいものになるんだ、とそう信じて、今までの貧乏の種である想念というものは、どういうものか自分では判らないでしょうから、ああ、これは過去世の因縁が現われているんだから、みんな世界平和の祈りの中にお返ししよう、と神様の中へ全部自分の想いを入れてしまって、世界平和の祈り一念で日常茶飯事のことを一生懸命やるのです。そうすると心が晴れ晴れとして、心がのびのびとして生きることが出来るのです。すると、運命が変わってゆくのです。

何よりも観の転換をして、生き方を変えてゆかなければいけません。けれど、ただ単に生き方を変えるといってもなかなか出来ないから、祈りによって自然に、知らないうちに変わってゆくことが大事なのです。

一番卑怯な生き方は、自分の不遇な立場を人のせいにすることです。私がこうなったのはあいつのせいだ、私の悪いのは親のせいだ、とか、人のせいにするけれど、人のせいなんか何もない。みんな自分のせいなのです。自分から生まれて自分に返ってくることなのです。たとえ自分がいいことをして人に殴られたにしても、それは自分の過去世の因縁が現われてきてるんです。自分自身の消えてゆく姿なんです。自分の中にないものは絶対に現われないんです。

そういう因縁因果の法則が判って、それでああこれはすべて消えてゆく姿なんだ、と平和の祈りの中に入れて、祈り心の中から改めて一生懸命努力すればいいんです。

無心に生きよう

今までのように、何も判らないで不平不満を言いながら一生懸命やるのと、不平不満を消えてゆく姿として神様のほうにまかせて一生懸命やるのとでは、全然違ってきます。

マラソンをするのにしても、心の中にモタモタしたものがあって走っていたのでは、うまく走れません。でも無心の状態でやっていると力が出てくる。スポーツを見ていると一番よく判ります。野球なんかでも、打たなきゃ、打たなきゃと思うと、力んでしまって打てなくなってしまう。無心でバットを出すとどんどん当たる。そういうように、無心になることがいいのです。

無心になるためには、祈り言葉の中に、祈りの中に入っていればいいんです。無心の中には神様のみ心があります。神様そのままの、生命を下さって人間を生んでくださったもとの心は無心の中にあるわけです。無心ということは自分の心がないということ、想念がないということです。

しかし、想念がなくなるわけにはいきませんから、神様の中に入れてしまって、神様のみ心とすり換えてしまえばいいわけです。そこに日頃の修練が生きるわけです。いくら日頃修練していても、例えば野球の練習をしたって、試合で打てやしないんじゃないか、どうしようなんて頭の中でガタガタしていたのでは、打てやしません。何も思わない時には成績がよくあがる。それはスポーツばかりでなくて、すべてがそうなのです。

そこで老子は、無為《むい》にして為《な》せ、コチョコチョ小智才覚で思うのではないのだ、みんなおまかせして神のみ心のままに行け、と言うんですね。

それには、やっぱり祈り心、祈り言葉というものがないと、なかなか出来るものではない。そこで世界平和の祈りというものが生まれているのです。

だから祈りに住して祈りに把われず、祈りながらしかもそれに把われないで、日常茶飯事のことを一生懸命やる。祈っているから私は何もしない、なんてただボンヤリしていたって、それではどうしようもない。

祈り心で、しかも家庭の主婦は一生懸命家庭の仕事をし、学生は一生懸命勉強をし、サラリーマンは会社で一生懸命働く。そうすると祈りの心がそこに生きてきて、すべてがうまくゆくわけです。

神様におまかせしていると、自然に気力が充実してきて、自然に動いて何かしなければいられなくなる、それでいい仕事が出来るようになるのです。

◆宗教精神と平和運動

時の権力や政治に利用される科学では

神様のみ心の中では、すでに世界平和は出来ているんです。そういう姿が、すでに金星だとか火星だとかに現われて、完全円満ないい世界が出来ているわけです。それはどういうふうにしてなったかというと、やっぱり初めは宗教的な運動があり、宗教と科学が結ばれて宇宙科学[注4]のような形が出来まして、それで平和になっているわけです。

その平和のひびきと世界平和を祈る皆さんの祈りとが交流し、あちらからこの地球界に、宇宙科学を教えてくれているわけです。やがて宇宙科学をこちらが受けついで、火星とか金星とかいう先輩星と同じような大調和世界が、この地球界にも出来てくるんですよ。最後に救われるのは科学によるのです。といって戦争になるような不調和な科学じゃないんです。

ジェット機ならジェット機が飛びます。速くて便利です。けれども基地の近所の人はとても騒がしくてかなわない。子供が病気でも寝ていられない、病気がますます悪化してしまう、というように、科学が発達すると同時に被害が出る。一方ではいいことになるけれども、一方じゃ悪いことになる。

それは本当の科学ではない。だから悪にも使えれば善にも使えるような科学では、想いが悪ければどうしても悪いほうに使ってしまうわけです。

原子力そのものも悪いわけじゃありません。原子が核反応したり、核融合したりしてエネルギーが出るわけです。そのエネルギーそのものが悪いんじゃないんですね。

エネルギーというものを悪く使うか、よく使うかは人間の想いによるのです。いわゆる宗教精神が徹底していれば悪いようには使わないわけです。ところが今の地球界では、宗教精神は徹底していない。徹底するには、やっぱり科学の力を借りないと出来ない。

宗教精神だけで徹底するものなら、この世の中は心配ないんですけれども、宗教団体そのものが、もう争いを生じているような形ですね。マホメット教とヒンズー教とが争うとか、仏教とキリスト教とが争うとか、東南アジアなどを見ているとよく判ります。

宗教というものがあるばっかりに、かえって宗教の固まった想いが争いを起こすようなことになる。宗教精神というものは宗教団体だけにあるものではありません。キリスト教はキリスト教だけがいい、仏教は仏教だけがいい、とみんな自分たちの宗教団体だけがいいと思っているわけですね。

そういう想いが既に争いの種をまいている。それは宗教精神じゃないのです。だから宗教精神から生まれた本当の科学でなければ、やっぱり争いの種がどこかに出てくるわけです。

原爆が出来たのは戦争中ですね。原子エネルギーを使えばすごい破壊力を持った爆弾が出来る、という考えが非常に多くあったわけです。その研究に軍事費を使ってやったのですね。人工衛星でもそうです。空を制すれば、世界を制することが出来る、という権力欲の争いでもって、軍事費を使ってやっている。アメリカでもソ連でも、宇宙を本当に開発し、月や金星へ行こうという考え方よりも、宇宙空間を利用して、他の国を圧迫しようという、他の国を抑えつけようという、力を誇示するための研究なわけです。

だから研究意図が、世界を本当に平和にしようというのでなくて、世界を自分の権力下に置こうとするための科学の発展なんですね。それではダメなのです。

宗教精神は宗教団体だけにあるのではない

そこでこれからは、科学の在り方が根本的に変わらなければならない。宗教精神から生まれた科学でなければ本当の科学にならないんです。ところが今の世の中は、宗教精神というものはどっかへ行っちゃってる。宗教精神というとまず宗教団体にあると思うんですね。宗教の一つの集まりが宗教精神が集まったところだと思っていると、さにあらず。

宗教精神というのは、みんなが愛し合って、みんなが慈しみ合って、力を借し合って、みんなが平和になりますように、というのが根本であって、自分が病気になりたくない、貧乏になりたくない、と思うことじゃない。そういうことは誰だって思う。それは宗教精神ではなくて、自分を守る想いです。

誰だって自分が悪くなりたいなんて人はいないんだから、自分もよくなる代わりに、人類もよくしたい。みんなが仲良くやってゆきたい、みんなが幸せの世界を創りたい。病気がなくなって、貧乏がなくなって、争いがなくなって、そういうすべての悪い想い、悪い事柄がなくなりますように、どうかみんなが平和でありますように、みんなが仲良くなりますように、というのが本当の宗教精神なんです。

だから宗教精神というものは宗教団体だけにあるわけじゃありません。宗教団体に入らなくたって、宗教精神に燃えている人があります。それを間違えて、宗教団体だけがいいなんて思い上がったらダメですね。

ですから宗教精神から生まれた科学なら、いい科学に違いないんです。はじめに医学が出来た時は、医者が病気を治したい、ああかわいそうだ、あんなに苦しんでいるものを治してあげたい、といって薬なども出来たわけですね。それが逆に自分の権力を誇示するような科学になってきたら、世界を滅ぼしてしまうようなものを作ってしまう。科学が悪いのではなく、その使い方が悪いわけです。

大いなる祈りの力の効果

科学の使い方をよくするためにはどうしたらいいかというと、エネルギーの根源の世界に入りこんで、神様のみ心と一緒になって科学を発展させてゆくことです。そうしなければ、世界を救う科学にはならない。

私共のやっている宇宙科学というのは、世界平和の祈りで神様のみ心の中に入ってしまって、向こうから伝わってくるものを、そのまま素直に現わしているわけです。ですからこの科学が出来る時には、不調和なみんなに不為《ふため》になるようなことはないのです。そういう科学が生まれてくるんです。

しかし、それもまだすぐ生まれるわけじゃありません。それまでに、まず戦争を防がなければならない。争いの想いを防がなきゃならない。業というものは生易しいもんじゃない。厚い壁ですから跳ね返されてしまう。

そこで、その争いの想いを防ぐには、そういう表面からゆかないで、奥からゆくのです。人間には本心がありまして、そのまわりに業想念が取り巻いているわけです。だから本心のほうに光を与えて、幽体、幽界（潜在意識層）にある業想念をきれいに浄めてしまえば、知らないうちに「ああこれは悪いことだな」「うん、これは勇気を出して止めなきゃいけない」とかいうふうに自然に思ってくるわけですね。そういうのが祈りの効果なんです。

私共が世界平和の祈りを祈っていますと、神様の愛の光が世界中にふりまかれるわけです。幽界に争いの想い、自分勝手な想いが一杯たまっているんだから、そこへ光が神様のほうから流れてゆく。そうすると幽体・幽界がきれいになりますね。

すると本心が目覚めてきて「ああこんな原爆なんか作っちゃだめだ、原子爆弾の実験なんかいけないいんだ」とか「争っちゃいけないんだ、なんとしても争いをなくさなきゃいけない」というふうに各国が思いはじめるわけです。そうなって、やがて調和して本当に仲よくなるんだけれども、一朝一夕で出来るものじゃない。しかし、少なくとも戦争になるのを防ぐことは出来るわけです。それが世界平和の祈りの功徳《くどく》なんです。

みなさん、おじいさんでも、おばあさんでも、子供でも〝世界人類が平和でありますように〟と思う時には、その人の体を通して光が地球界に流れてゆくんです。それで地球界の争いの想いを浄めているわけです。その浄めによって戦争や天変地変が防げているのです。

だから祈る人を一人でも多く作れば、それだけ戦争は起こりにくい、ということになるんですよ。でも何もしないで「各国が原爆を持てば、お互いに牽制し合って原爆を使わないから、戦争は起こらないよ」なんてのん気なことを言ったって、原爆じゃなくても戦争は出来るんですから。細菌を使うことだって出来る。いくらでも人間というのは悪知恵をしぼって、悪いものを作り上げますからね。原爆がなくても戦争はいくらでも出来るわけです。

だから、戦争をする、という想いを根底からなくさなきゃならない。そのためには世界平和の祈りをみんなが続けて、さらに多くの人がやるようになれば、それだけ戦争の危機は遠のいてゆくわけです。

そのうちに宇宙科学も完成します。すると科学力でもって、否でも応でも戦争が出来なくなってしまう。原爆を使おうと思っても使えなくなってしまう、という時代が来るわけです。そうしなければ世界は平和になりません。

祈りというのは、みんなの争いの想い、憎悪の想いを消し去ってしまう地ならしです。その祈りの上にたって科学力が実ってくるわけです。それで宗教と科学が渾然一体《こんぜんいったい》になって、世界が救われてゆくのです。

やっぱりこの現象世界の救いのキーポイントは科学なんです。そのために私共は平和の祈りをしながら、宇宙科学を完成させようと一生懸命やっているわけです。

日本の使命と平和運動

中国が核爆弾を持ち、実験をしたりすると痛切にそれを感じます。隣の国ですからね。今日だって放射能の雨が降っているんですよ。中国がこれからしばしば実験をしてごらんなさい。放射能がまたまた降ってきます。日本という国は面白い国でして、アメリカのほうで実験をやっても、ソ連でやっても、イギリスがやっても、中国でやっても、みな放射能の灰が日本の上空に降ってくるんです。地理的にもそうなっているんだからしようがない。

また、東の智恵も西の智恵も入って来て、混和されて、いい智恵にする。東の悪いことも西の悪いことも流れこんで来て、日本で浄めるようになっている。そういう国になっているんです。

それはどういうことかというと、日本の天命はあらゆる国で発せられた業想念を浄めることなんです。世界平和を創る、大調和を創るための中心の国なんだ、ということなんです。武力を持って勝つなんていうことじゃない。もともと、武力はどこの国が持ってもいけないんです。どんなに理屈を言ったって、武力は武力です。

〝武〟という字の本当の意味は、戈《ほこ》を止める、つまり兵火を止める、ということで、調和なんです。だから、戦争をして自分の国が勝って、平和にしようなんていうのは本当に馬鹿な話。自分は正義で相手は不義だから、悪い国が攻めて来た場合に正義の国が負けちゃならない。だから軍の力で、武器の力で相手を叩きつぶして、平和を創るなんていう、そんな平和があるわけがない。人殺しをして平和になる、なんていう馬鹿なことがありっこない。

武力をもって世界を征服する、という時代はもうとっくに過ぎているのです。今まで、何千年来、それを繰り返し、繰り返しつづけて、戦いに戦いを続けて、今日、いよいよ原爆、水爆を持つという最悪の時代になってきたわけですよ。

人間の馬鹿さ加減というのは、最後の最後の瀬戸際まで来ないと、本当に武器を持っちゃいけないんだな、本当に力と力じゃダメなんだなということが判らないんですよ。

ところがそれに理屈をつけている。「攻めて来たらどうするのか、滅ぼされちゃうじゃないか。だから武器を持たなければいけない」一理あります。

しかし武力を持っても持たなくても滅びる時は滅びます。「攻められて滅びるよりも、戦って全部死んだほうがいい」と言うかもしれない。これは立派で勇ましそうだけれども、そんなに生命をもったいなく使っちゃいけない。

いざどうにもならない時には、武器を持たなくたって戦えます。日本の国民が本当に平和の気持ちになって、立ち上がってごらんなさい。相手は爆撃できないでしょう。銃撃も出来ないでしょう。その時は神々が守ってくれるんです。

もし爆撃され、銃撃されて死ぬのなら、それでも結構。全部が全部平和の心になって、敵対心もなく、平和を守って死にましょうという気になって、それでも滅びるならば、肉体なんかなくてもいい。肉体界よりずーっといい所へいく。そこまで思わなきゃ本当の平和運動は出来ないんです。

攻めて来たら困るから、守って撃退しなければならない。だから軍備がいるじゃないか。なんて馬鹿なことを言う。それならばいつまでたったって、平和なんか出来っこないですよ。

ですから世界平和の祈りの運動というのは、世界平和の祈りを中心にして、日本を平和の中心国にする。そして平和のひびきで世界を引っ張っていくのです。日本国民が総結集して平和運動を推進しているんだ、というところへもってゆくための先駆けとして、皆さんが平和の祈りをしているわけなのです。

だから一人一人の平和の祈りは非常に大きな働きなのです。世界を平和に導く原動力なんですよ。それを、神々がやらせてくださっているというわけです。その大きな天命を果たしつつあるんです。

皆さんは仏菩薩《ぶつぼさつ》です

皆さんは本当に胸の中で「ああ私たちは平和のための先駆けなんだな、世界を平和にするために私も役に立っているんだな。自分が平和の祈りをすることによって、世界が平和になるんだな」というふうに、一人一人が思ってください。

「自分が〝世界人類が平和でありますように〟と祈ることによって、自分の体を通して光が地球に流れ、戦争を防いでいるんだな、平和にだんだん近づいているんだな」「自分が一言平和の祈りをすれば、それだけ平和世界が近づいてくるんだな、世界が平和になるんだな」そういうふうに思ってください。

そうすると、自分の中にある諸々の嫌な想いも消えてしまうし、息子や娘との不和も消えてゆくし、やがてすべてが平和になってゆくんです。だから、自分の身のまわりのことを思うより、まず平和の祈りをただひたすらにすれば、身のまわりのこともよくなってくるんですね。

そういうふうに逆に考えておやりになると、うんと自分の力がつきます。病気を治したい、不幸を直したい、ということを先に思っていると、なかなか直りません。それを平和の祈りの中へ入れてしまえばいいんです。

皆さんは肉体界にいて、一般大衆のような顔をしていらっしゃるけれども、実は皆さんの本心というのは、仏菩薩なんです。天使なんです。ですから平和の祈りをすることによって、菩薩の本体が現われ、天使の本体が現われる。

〝世界人類が平和でありますように、日本が平和でありますように〟という時にはそのまま菩薩であり、天使なんです。皆さんはそういう方々なのです。だから、いつもいつも心の中で平和の祈りを続けていてください。そうすると、神界にある姿がこの世に映ってくるんです。

といって、固くなって祈るという意味じゃありませんよ。のん気でいいんです。明るく、冗談を言ったり、家のことをしたってかまやしません。そんなことはどうでもいい。日常茶飯事のことを当たり前にしていればいいんですから。

それで心の中ではいつも〝世界人類が平和でありますように〟という祈りがひびいている、という人間にみんながなれば、それだけ早く世界が平和になります。

（昭和三十九年十月）

注4　宇宙科学……後出の宇宙子科学、宇宙子波動生命物理学に同じ。昭和三十七年から宇宙天使の指導のもとに始められた調和の科学。

第3章

これからの新しい世界

◆新しい世界を築く

古い世界のままではいけない

これからの世界というものは、古い世界がそのままの姿でよくなってゆくのではないのです。古い世界の習慣の想いがそのまま引き継がれて、少しずつよくなってゆくということではないんです。新しい力こそが、新しい世界を築き上げるのです。

ですが、国家や人類を見ていますと、とても難しいように思います。

それは何故かというと、過去からずーっと続いてきた人類の生き方のままでゆけば、この世界はもうどうにもこうにもならないところまで迫ってきているからです。

そのどうにもならない世界を正すためにはどうしたらいいかというと、改めて新しい世界を築き直さなければダメなんですね。新しい世界を創るのです。古い世界がよくなってゆくのではなくて、新しい世界が現われる必要があるんです。

舞台の幕が少しずつ上がって、上がりきると、新しい劇が始まっているのと同じように、新しい世界を開くんです。

ということは、今の考え方のままでいたのでは、いっこうに平和にならない、ということになりますね。

軍事力に頼るという考えは

国際関係でも、今までの考え方からすれば、武力の強い国が勝つわけです。軍事力の強い国が絶対的に勝利を得ている。それは、日本の戦国時代でもそうだったし、歴史を遡ってみても、武力の強い国が世界を支配していたことに間違いありません。

しかし、軍事力を増強しさえすれば、その国が世界の権力を握れるという考えを、昔のままに持っているとするならば、世界は滅亡してしまうんです。

何故かと言いますと、アメリカはアメリカで、世界中で一番武力を強くしようとする。ソ連はソ連で、一番強い国になろうとして、そうやってお互いが軍備を増強します。

そして、軍備を増強するということは、原爆や水爆を持つことに他なりません。今や原爆や水爆を持たない軍事力なんていうものは、もう軍事力のうちに入りません。

ということは、いつか世界中の多くの国が、原水爆を持つことになります。

ですから、このままゆけば、国同士の小競り合いが、たちまち原水爆戦争になってしまうんです。

各国が軍備を増強しようとし、軍事力の強い国が一番強いんだという今までの古い考えが、そのまま踏襲されていったならば、この世界はやがて滅亡することは、もう常識の世界でもはっきり判っていることなんですね。

軍備を拡張するということは、滅亡までの時間を延ばしているに過ぎません。地球世界の滅亡を、ほんの一瞬だけ、先に延ばしているだけなんですよ。そうすると、このままゆけば地球の未来はない、ということになります。

古い考え方を捨て、神様のみ心の中から智慧を頂き直す

それではいけないというんで、神様が世界平和の祈りを私共に下さったのです。それが広まると、知らないうちに、戦争をしようとし、敵をやっつけようとする想いが次第になくなってゆくのです。光の波で、業生の黒雲を消し去ってゆく。

それを全世界に広めようと神様がおっしゃるので、私の体を通して皆さんに伝えているわけですね。そしてそれが、だんだん広まってきているわけです。

でも、人類の頭の中には、今までの古い考え方が染み込んでしまっているんです。それを根底から拭い去らないことには、世界が平和にならないのだし、それには今までの考え

方をすべて捨てなければならないわけです。

今までの考え方を捨てるためにはどうしたらいいかというと、それにはやはり祈りが必要なんです。

神様のみ心の中に、今までの考え方のすべてを捨てきって、世界平和の祈り一念になって、世界人類が平和でありますように、みんなが平和でありますように、各国も、個人もみんな平和で、天命が完うされますように、という祈り心の中に、すべての想いを入れきらないことには、個人も世界も変わらないわけですよ。そうしないと旧態依然としたままで、滅びの門に至ってしまうだけなのです。

どんなに地球界で頭がいいと言われる人であっても、それは神様のみ心から見れば、小さな智慧でしかないんですね。そういう小さな智慧でいくら考えたって、やっぱり滅びの門に至るだけ。少し時間を延ばすだけに過ぎない。

そうすると、その小さな智慧のすべてを、世界平和の祈りを通して、神様のみ心に返してしまって、神様のみ心の中から大きな智慧、能力を頂き直さなければいけません。それが、消えてゆく姿で世界平和の祈りなんですね。

世界平和の祈り一念で生きよう

ですから、私共の運動というものは、軍備をしてはいけない、安保条約がどうとかこうとか、そういうことではないんです。それは、時代によって、なるようにしかならないし、決まるものは決まる、決まらないものは決まらない。そういうふうになっているわけね。そういう業生の世界とは関係ありません。それはそのままにしておいて、私共のやることは何かというと、神様と人間とをつなげる、天と地をつないで、天の光を素直に、まっすぐに、この地球界に天降す、ということだけなんですね。

そのための世界平和の祈りなんです。実在の世界の、完全円満な大調和した光の世界を、この地球界に導き降ろそうとするための、世界平和の祈りなんですよ。

だから、軍備をするとかしないとか、安保条約がどうとかこうとか、そんなこととはまったく関係なく、日常茶飯事の自分の行ないや想いのすべてをひっくるめて、世界平和の祈りの中に入れきってしまう。そして、自分は悠々《ゆうゆう》と好きなことをしていればいいんですね。

テレビを見たい時は、テレビを見ればいい。映画を観たい時は観てもいい。しかし、その心の中では常に世界平和の祈りが鳴りひびいてるような、そういう生活をしていればいいわけなんです。そうすると、やがて自分の体が、世界平和の祈りの大光明で満ち満ちてきます。

そして、その光が他へ影響してゆくわけね。自分の体が常に光に満ちて、世界平和の祈りに満ちていれば、その光が地球界を浄めていることになるわけです。それは、映画を観ていようと、ご飯を食べていようと、そんなことは関係ないんです。

それは、肉体の想いがするんじゃないんですからね。自分の体に満ちた大光明波動が、法則のとおりに働くだけなんですから。

そういうふうに、自分が世界平和の祈り一念で生きていれば、何をしていたって、そんなことは関係ありません。

ただ、世界平和の祈りが自分の心に満ち満ちて、いつも世界平和の祈りが鳴りひびいているように、祈りに始まって祈りに終わるような生活が根本になってないとダメなわけです。

ですから、すべてを世界平和の祈りの中に入れてしまって、自分自身が世界平和の祈りで光り輝いているような人間になれば、それが世界平和を実現する大きな力になるわけです。それをみなさんがやってくださればいいわけですね。

そういう人が一人でも多くなればなるほど、世界は早く平和になるんです。

一にも二にも、祈りに始まって祈りに終わるように、何をしていても、世界平和の祈りが鳴りひびいているような人間が一人でも多くなるように、まず皆さんが努めることなんですね。

自然に、気張らず、のんびりと、しかも弛《たゆ》みなく祈ることが大事

そして、祈りというものは、のんびりと、自然に流れるようにならなければいけません。あんまり気張ったらダメなんですよ。

初めは判らないから気張って祈るかもしれない。でも、だんだん慣れてくると、生活の中で自然に世界平和の祈りが出てくるようになるわけです。

そういう自然な世界平和の祈りになってくると、しめたものです。そうすると、世界平和の祈りに合うような、愛に満ちた行ないだけになる。見た目も柔和で明るくなってくる。

それは世界平和の祈りばかりではなく、あらゆる芸術にも、あらゆるスポーツにも当てはまります。力んではいけません。力まないで自然にやる。これはあらゆるものの原則です。世界人類が平和でありますように……、と自然にでてくるわけ。それはテレビのスイッチと同じことです。ただスイッチを入れれば映りますね。それを、力一杯やると壊れち

ゃうでしょ。

それでは続かないんです。自然でいいんです。自然に、伸びやかに、朗《ほが》らかに、明るく、世界平和の祈りをする、そういうことなんですね。しかも弛みなくやることが大事です。

そうしているうちに、愛を行じなければいられなくなります。この祈りを広めずにはいられなくなります。ただ、どうぞ気張らないで、リラックスしてやってください。


(昭和四十一年四月)

◆新しい波動　新しい人類

地球と人類が大変貌する時がくる

キリスト教では、最後の審判《しんぱん》ということをよく言います。キリスト教ばかりでなく、地球の最後ということはあらゆる宗教で言っています。それはどういうことかというと、今までの地球人類の在り方が変わるということです。

仏教では劫《こう》といいますが、一つの周期がありまして、その最後の劫にお釈迦様やイエスさんが生まれた頃もみな入っているわけで、その劫の終わりにかけて、地球と人類が大変貌するという時期があるわけです。それを最後の審判という。その後に新しい人類が誕生する。

といっても、今までの人類が全部死んじゃって、全然形の変わったのが出るというのではなくて、今までの地球人類の考え方、人生観、宇宙観というものがまるっきり変わってしまう。もっと言い換えれば、肉体波動が霊妙な波動に変わるという、そういう時代が来るのです。必ず来るのです。

来る手前に、どうしても一つの関門を通らなければならない。それには古い皮を脱皮しなければならない。今までの生き方を変えなければならない。そういう時期が今なんです。

最後の審判として、三分の二滅びて、残った者だけが立派な人類になるか、半分だけ残って半分が滅びるか、あるいは三分の一が滅びて三分の二が残るか。あるいは十分の一が滅びて、十分の九が残るのか。あるいは滅びなくて済むのか。それはこれからの人間の生き方によって決まるわけです。

最後の審判というものを、大過なく、災い少なく、人類の痛み少なく乗りきってゆこうというために、神々はいろんな人を天下《あまくだ》しているのです。お釈迦様もそうだし、イエスさんもそうなんだし、いろんな聖者が出ています。私には、〝消えてゆく姿で世界平和の祈り〟という方法と、宇宙子波動生命物理学という科学を神様が授けてくれているわけです。

その運動を続け、その科学を完成することによって、地球人類が苦しみ少なく乗り越えて、新しい人類として生まれ変わってゆく、新しい人類に成長してゆく、新しい波動の世界に住み慣れてゆく、ということになるわけだし、そうさせなければならない、と思っているわけです。

最後の審判と祈りによる世界平和運動

ですから私どもの提唱している祈りによる世界平和運動というものは、最後の審判を、願わくば無傷で、誰も苦しませないで越えてゆきたい、そうしなければならない、という運動なのです。

皆さんの一人一人の使命、天命というのは大変に重要なわけです。ところがなかなか重要というように考えられない。日常生活のゴタゴタ、目の前に迫っている枝葉のことが大事なような気がして、永遠の生命を体得する、いわゆる新しい優れた人類に生まれ変わるというようなことは、頭にはないわけです。大体がこの世の中の、現われている出来事をうまく処理できればいい、というような考えで宗教に入る、あるいはこの世界平和運動に入る、というくらいなんですね。

そしてだんだん判ってきた人や、熱心な人が本当に身を挺して、祈りによる世界平和運動をやっている、という形なんですね。私はそれでもいいと思うのです。

一般の人が家庭をそのままやっていて、現われてくる小さい細かい出来事のことを、うまく処理するために祈りをしている、ということでもいいと思うのです。祈りの筋は同じですから。やっぱり〝世界人類が平和でありますように〟、という時には、救世の大光明に入ったことになります。

やがては本当のことが判ってくる

どういう祈り方をしても、どういう想いで祈ってもいいけれど、やがてそれが慣れてきて、本当のことが判ってくると、〝ああ自分はこの世にとって大事な者なんだな、自分はつまらなそうな人間に見えるけれども、実はつまらない人間ではなくて、世界を本当に平和にするための菩薩の一人なんだ、天使の一人だったんだ〟ということが自覚されてくるわけなのです。

肉体人間としての自分は菩薩でないかも知れない。だけれども、世界平和の祈りをすることによって、凡夫《ぼんぷ》が、一般の大衆が菩薩に変わってゆく。天使に変貌してゆくわけです。もっと言い換えれば、菩薩や天使と合体して、この地球人類を救う大きな役目を、自分が担っているということになるのです。

だから皆さんが何気なく、

世界人類が平和でありますように

日本が平和でありますように
私たちの天命が完うされますように
守護霊様、守護神様有難うございます

といっている祈り言は、知らない間に、自分を高い高い波動の世界に運びこんでいるのです。皆さんが気がつかなくても、そうなんですよ。

常に祈りをすること

一番大事なことは、常に祈りをする。常に祈りに始まって祈りに終わる。日常茶飯事が全部、世界平和の祈りを根底にしてやってゆく。その中で消えてゆく姿のような悪い感情が出たり、あるいは人を憎む想いが出たり、自分をダメだという想いが出たり、間違ったことをしてしまったりしたら、「ああこれはいけないことだな、こんなことではいけない、これは消えてゆきますように、どうか神様、一日も早くこういう悪いものを消してください。もう再びいたしませんから、どうぞお願いします」といって、その想いもこめて、その想いを消えてゆく姿として、世界人類が平和でありますように、という大光明の中に入れていると、弛みなく、常に入れていると、知らない間に、自分の体が光明燦然たる肉体になるわけです。肉体がそのまま霊体のような、光明燦然と光を放つ体になるんです。

世界平和の祈りが本当に軌道に乗ってくると、自分の体から光がパーッと出てゆくわけです。救世の大光明に合体して、自分の本心の光も出てゆくわけです。

そうすると、自分が言葉でとやかくお説教するんじゃなくても、自分が気がつかなくても、相手が浄化されてゆく、浄まってゆく、相手が立派になってゆくということになります。

声の言葉で相手を立派にするというよりも、人格そのものが、その人がそこにいることによって、周りが浄まってゆく、知らない間に柔和な、いい人々に生まれ変わってくる、というそういう人間に、皆さんの一人一人がなることが一番大事なんです。

言葉以前の光の人に

声の説教というのには嫌がる人も随分あるわけです。しかし、柔和な、温かい、親切な人柄に接すると、その人柄から発する光によって、口をきかなくても、ああなんて善い人だろうな、とか好意を持つ場合が随分あります。それは唯物論者とか信仰者とかいうのとは関係ありません。人間と人間、生命と生命が触れ合ってゆくという関係になってくるのです。

だから宗教を説教しなければダメだというものではありません。宗教の説教が判らないから、あいつはダメだ、ということもないのです。

言葉以前の光、想念が光になっている。言葉以前の自分の人格というものが、光り輝いているようになれば〝あなた、こうしなければダメですよ〟なんて言わなくても、光が向こうに伝わっていって、向こうは同化されてくる。そういう人間に一人一人がなることが大事だと思うのです。

弛みない〝消えてゆく姿で世界平和の祈り〟を

そのためには、弛みなく、〝消えてゆく姿で世界平和の祈り〟をする。消えてゆく姿というのは反省のことです。これはいけないな、と反省してそれを世界平和の祈りの中に入れてしまう。そして日常茶飯事を続けていれば、いつの間にか、自分でなんとも思わないうちに、知らない間に、自分の魂は立派になっているし、自分の行ないは立派になってゆくのです。

消えてゆく姿で世界平和の祈りをやっていて、その行ないが立派にならないとすれば、その人のやり方がどこか違っているのです。例えば反省がないとか、思い上がってしまったとか、ということであって、常に謙虚な気持ちで、どんな時にも、消えてゆく姿で世界平和の祈りをやってゆかなければいけません。

最後の審判といっても何も恐れることはありません。消えてゆく姿で世界平和の祈りを続けていれば、その人にとって恐れることは一つもない。その周囲の人にとっても恐れることはないんです。
　そういう人が多くなればなるほど、この地球人類は怪我少なく、損害が少なく、新しい波動に合わせて、新しい世界を創ってゆける。地球人類の天国を創ってゆけるわけなんですよ。

（昭和四十一年二月）

◆今、地球は宇宙の法則に乗ろうとしている

人間は肉体だけではない

人間というものは、実際に見えている肉体がありますから、どうしても肉体が人間だと思ってしまいます。それで肉体世界の楽しみだけを追っているわけです。多くの人は、肉体の他に体《ボディ》があるとは知りません。人間の体というのは肉体だけしかないと思っています。目に見える世界だけしかないと思っていますし、霊界とか神界は知らないでしょうし、人間の体がいくつもあるなんて知らないわけです。

知らないということは無知だということです。地球人類というのは無知な人が九十九パ

ーセント、残りの僅かな人だけが目覚めているというか、自分の体はこの肉体ではないんだな、ああ本当に神のみ心の現われた体なんだな、ということが判っている。しかし、ほとんどの人が判らないんです。

頭で判ってもダメなんです。頭で判るということだけでは、判ったうちに入らない。自分の行ないに現われなければ、判ったことにならない。

行ないに現われる、ということはどういうことか？　そこが難しいところなのです。そこで私は九十九パーセント判ってないというのです。

ふつう宗教的に求めているのは神様です。神というものは全知全能で、完全円満で少しも欠けるところがない、とそのように思っています。実際そうであるわけです。

神様がそういうものなら、自分もそういうものになりたい。神様に少しでも近づきたい、神のみ心に少しでも近くなりたい――青年の頃、私もそう思ってました。

私が青年の頃は霊魂というものも知りませんし、霊魂が存在するなどという、そんなことはどうでもよいと思った。けれど自分が肉体に生きている間、少しでも神様のみ心、完全なるみ心に近くなりたい。少しでも愛の深い人間になりたい、少しでも良い立派な行ないの出来る人間になりたい、人格を高めたい、人のためになりたい、それればかり思っていました。

神を讃える宗教的な心

この生きている間に、生命というものを粗末にしないで、生きている生命を何かのために捧げたい、生命を生かしたい、とそればっかり思っていました。

それで生命を生かすために神のことを想うわけです。神を想うと、神は完全円満で、すべてを創り、森羅万象すべてを調和させている。そういう神のみ心、神の力というものに驚嘆するわけです。

花を見れば、なんて美しい花だろう、こんな立派に咲いている。ああ空はなんて深いんだろう、青い空はなんていい気持ちだろう、ああ海の色はなんてきれいなんだ、広いなあどこまで広いんだ、ああ宇宙って広大無辺で、なんと生命が満ち満ちて、光り輝いているものなんだろう、そのように理屈なく思うわけです。

このようなものをすべて現わし、すべてを生かしている神の大愛というものに、近くなりたいな、肉体を持っている人間は神そのものになれない、けれどなんとかして神様のみ心の愛を顕わしたいな。すべてのために働くという神は、すべてのために捧げているわけですからね。だから神のようにすべてのために捧げたいな、自分の肉体の生命のすべてを捧げて、神様のために尽したいな、ああ立派な人間になりたいな、それぱっかり思っていたわけですよ。

それで今日、こういうようになった。だから霊魂があるとかないとか、死後の世界はどうだとかこうだとか、そんなことは私はいつでも考えになかった。そんなことを全然考えないで、ただ肉体の生活をする、ここにいる人間しかないと思っていたんですから。

肉体人間の生活の中で、一生懸命人のために尽くしたい、要するに霊的知識もなんにもない、純粋ないわゆる宗教的な心だけだったのです。

微妙な波動の世界を知る

皆さんはそれで結構なんですよ。だけど私の場合には、それだけじゃ済まない。みんなにいろいろなことを教えなければならない立場にあるものだから、霊界も知らされたり、神界も知らされたりしました。

しかも神界でも、霊界でも、幽界でもいろいろ階層があって、神界なら神界が一つの段階だけじゃなくて、神界の中もたくさんの段階に分かれている。霊界もたくさんの段階に分かれている。幽界も同じです。

肉体の現われというものは、一番鈍重なんです。感じが鈍いのが肉体なのです。幽体、霊体、神体になると、だんだん感じが微妙になり、素晴らしいスピードで、そして敏感なわけです。

その中で神界が非常に敏感で、いわゆる大神様、宇宙神ですね。宇宙神というのは、とっても微妙な波動なわけです。どれだけ微妙かというと〝無限〟という言葉を使うより仕方がない。肉体のほうから考えたら判りませんからね。無限なる愛とか、無限なる力とか、無限なる能力とか、無限なる速さとか、そういうような表現を使うわけです。そういう無限の能力を持っているわけです。

無限なる能力を持っているものから七つの直霊に分かれて、またそこから分かれた分霊になる。分霊になってくるとだんだん肉体界に近づいてくる。

近づいてくるといっても、その本体そのままではない。AならAという人の本体がそのままズバリ来るわけではないんです。光が分かれてくるわけです。光がどんどん分かれて分かれてくる。ずーっと上を仰げば、自分の本体は直霊の中、宇宙神の中にいるわけですよ。いるわけだけど、それが肉体の自分には判らない。

どうして判らないかというと、小さいほうの分霊《わけみたま》の中の、また分霊の、さらに魂魄《こんぱく》になっている、またその魄《はく》の中の、肉体波動の中に入りこんじゃっているからです。そしていつも肉体のことばかり、肉体世界の快楽、肉体世界の欲望、面白さ、そういうものだけに把われているわけです。

だから肉体生活の面白いものをエンジョイする、ということになる。

今は宇宙の運行が変わるとき

しかし、音楽を聴くのもよいでしょう、映画を観るのもよいでしょう。なにするのもよいけれど、それはあくまでも生命を生かすためです。神からきている生命、自分の本体を生かすために楽しむのはいいと思います。

楽しんでそれが生命の糧《かて》になって、それでまた生命を生かす。人のために働く。自分の本体のため、神のみ心のため、本心のために働くという働き方が出来るように、その働き方がますます楽に出来るように、疲れた体をお風呂に入って磨く。食物も食べるし、音楽も聴くし、映画も観るし、というように楽しむのはいいわけです。

ところが世の中をみてますと、ふつうの人たちは、バカンス、バカンスとやっているでしょう。でもそれは、生命を生かすためではなくて、生命を汚《けが》すために、わざわざ疲れにゆくためのようなものです。

要するに今の人たちにとっては肉体世界だけがすべてになっている。しかし肉体というのはやがてなくなってしまいます。

今の肉体は全部変わります。もう否でも応でも、なんでもかんでも、肉体生活の肉体の波動というのは、全部変わるのです。変わらなきゃいられない、変わるようになっている。

何故変わるかというと、宇宙の法則が変わる、宇宙の運行が変わってゆくからです。例えば今までである星が主になって地球に光を投げていた。それが他の星に移るのです。その時どうしても主導権が変わってゆく。例えば資本主義だったものが社会主義になれば、否でも応でも変わる。資本主義が社会主義にでもなったら、今までの貨幣価値が全部変わり、今まで上にいた者が下になり、下の者が上になったりして変わるでしょう。それと同じように、宇宙の星の運行が変わるにつれて、主導権が変わると地球世界も変わってゆくわけです。

そして最後に、神とか宗教とかをぬきにして、宗教とか神とか思ったって、思わなくたって、否も応もなく変わらされるんです。

そういうことが多くの人々には判らないんですね。しかし、皆さんは幸いにして世界平和の祈りの中に入っていて、知らないうちに変わらされてゆくわけです。そうしているうちには風邪もひいたりするかもしれませんし、下痢もするかもしれません。いろんなことがあります。

ありますけれど知らないうちに、徐々に徐々に、自然に変わらされてゆくわけです。神々が変えてゆくわけです。自然に宇宙の運行に合わせてゆくわけです。否とか応とかではなくて、合わせられるんですよ。

今合わせるのが嫌で、ジタバタしたとします。しかしジタバタしたって、何したって、神々のほうで守護神のほうでは嫌でも変えてしまう。嫌だったら他の方法でやります。Aが嫌だったらBの方法でやります。Bの方法が嫌ならCの方法でやります。否でも応でも、どうやっても変わらなければ生きていけない。生命が壊れちゃうんだからね。生命が壊れると、その人の個性というものも壊れちゃうわけですよ。だからどうしても変わらないわけにはいかない、という状態になっているわけです。

人類は目覚めなければならない

ところがみんなこの世の中の先のことは少しも判らないわけです。昨日あった雷雨《らいう》ではないけれど、昨日、雷雨があるなんて、少し前までは知らないです。あんなすごい雷雨があるとは知らない。

あれが雷雨ぐらいですんでいるからいいですよ。いつ天変地変があるか判りませんよ。今は無事だから、無事だという顔をしているだけです。今、無事だから天下泰平だ、ああいい天気だってやっているだけです。

でも、明日のことさえ判らない。いつどんな天変地変が待ち受けているのか、どんな戦争が待ち受けているのか、みんな知りゃしないんですよ。

昨日の雷雨よりすごいのが二日も三日も続いてごらんなさい。一週間も続いてごらんなさい、どうなりますか? ずーっと続いたと考えてごらんなさい。バカンスがどうのこうの、夫がどうの妻がどうの、私は音楽を聴かなきゃいられません、私は遊びたいんです、そんなこと言っちゃいられませんよ。今どうしたいという自分のやりたいことだけを主張していて、どうしますか。

宇宙の法則はどんどん変わってゆく。その変化を追いかけて、否でも応でも波動を合わさなければならない。ところが波動を合わせなければならない肉体のほうは、その場、その場を楽しみたいとばかり思っている。

もう目の前に暗黒の雲が迫って来ている。地球を滅ぼそうとするのではないのだけれど、宇宙の法則が変わるから地球が変動する。それに外れて動けば落ちてしまうでしょう。全部が一緒に動かなきゃならない。そうするためには、肉体の波動も変えなきゃならない。どうしても、嫌でも変えなきゃ。

刻々と進化している宇宙

何か悪いものを食べれば下痢をして出しちゃうでしょう。吐いたり熱を出したりして、外に出しちゃうわけです。出すことによって正常に戻るわけですよ。そういうふうに、出るべきものを出すのは嫌だと、出さないようにする人もいる。そんなことをしたら詰まっちゃって死んじゃいます。それと同じように、出るべきものは出さなきゃならない。そういうようになっています。それを何も判らない。

地球の運命とはどういうものか、宇宙とはどうなっているのか。宇宙というのは永遠の生命の流れだから、どんどんどんどん変わってゆく。

いつも星の話をするけれど、今、輝いている星はもう実際にはないかもしれないんです。光として見ている星は、もう実際にはなくなっている場合がある。太陽の何千倍か光る星があるとする。それが、よりものすごい光を放った時には、もうその星が消滅する時なんです。消滅する時にはすごい光を放つ、太陽の何万倍かわからないような光を最後に放射するのです。そしてその星は消えてゆくわけです。

そのように有為転変《ういてんぺん》というか、どんどん、どんどん変わってゆくわけですね。それを変わろうとしないのは、地球の人類だけですよ。

地球の表面にくっついて、この日が無事ならいい、今日楽しめればいい、とやっている。ところが神様のほうでは、否でも応でもビッと振り放して、否でも応でも直させるのです。

雷が嫌だとか、地震が嫌だとか言いますけれど、どうして雷が鳴るかというと、この地球界の中には一杯汚れた波が出る、その汚れを祓《はら》うために竜神《りゅうじん》が光を投げかけると、雷雨になったりして、きれいに洗われてゆく。きれいに浄める作用、一つの浄化作用なんです。浄化されたあとで空気がきれいになるでしょう。目に見えない有益なことがあるわけです。

地震はどうして起こるかというと、地軸がズレてくるから、それを直すために地震があるわけです。人間の体の中でも同じですよ。中のものを直すために病気になったりするんです。

心の問題でもそうです。中のズレを直すために起こるのです。いわゆる波動調整なんです。

地球世界はすべて生まれ変わる

全部、波動調整しなければならない。ならないけれど、大きな被害があっては大変でしょう。それで神々が守護神が、皆さんの守護神は救世の大光明に入っていますから、その救世の大光明とともに、少しずつ、少しずつ宇宙の運行に合わせてゆこうというのです。世界平和の祈りをしていると、知らない間に下痢をしたり、風邪をひいたりしながら、少しずつ治っていって、知らない間に立派な体になり、新しい地球世界の姿に合わせてくれるわけです。

地球は生まれ変わるのです。地球世界は全部生まれ変わって、旧態依然とした生き方というのは出来なくなるんですよ。そういう世界が来ているわけです。それはどういうことかというと、神界がそのまま地球界に現われる、霊界が地球界にそのまま現われるようになるのです。

金星人とか宇宙人とか言っていますが、この人たちは目に見える肉体があるわけではありません。肉体よりもっと微妙な波動の霊体のようなもので生活しているわけです。だから凄い。

あちらから見れば、こちらなんかまるで子供みたいなもんですよ。すべてが子供みたいに見えるくらいな、幼き愚かなる弟、妹たちなんです。向こうから見れば愚かなる弟よ、妹よ、ということなんです。地球界の人間はとても幼く見えます。そういう星の人たちは、守護神や宇宙人と同じレベルだからです。

そうすると、否でも応でも宇宙人の世界まで、宇宙人ぐらいの高さまで、地球人がならないわけにはいかない。ならなければこの世は滅亡してしまうんだから。そのために守護神がどれだけ働いているか。みんなを苦しませないで、なるたけ苦しみが少ないように、みんなが楽になるように、と一生懸命にやっています。

そこで私は、世界平和の祈りの中には、守護霊さん有難うございます、守護神さん有難うございます、といつでも感謝を捧げるような言葉を入れているんです。

守護の神霊の絶大なる守り

私の教えというのは、守護神、守護霊へ感謝しなさい、というのに尽きるかもしれない。守護霊様、守護神様に守られているんだから、守護霊、守護神に想いを合わせて、守護霊さん！　守護神さん！　って守護霊、守護神の波に波長を合わせておきさえすれば、その人は苦しみ少なく、これからの新しい地球の波に合わせてゆけるわけです。

それに加えて〝世界人類が平和でありますように〟というような、世界人類の平和を願う広い広い想いの中にすべてを入れてしまいなさい、と教えているわけです。そうすると、自分がこの肉体界にいながら、守護霊の世界、守護神の世界へそのまま一直線につながれるわけです。守護神と一つになれるわけです。

守護霊、守護神と一つになれば、苦しみはなくなってきます。苦しいかもしれないけれど、苦しい想いはなくなります。そういう人間にみんながなれば、世界平和は自《おのずか》ら出来るんです。

もう人ごとじゃないんです。自分が守護霊、守護神と一つになるのです。一つになるとどんなことになるかというと、日常の当たり前の生活をしながら、しかも特別に人のためにしようと思ってするのではなく、人類のためにしようと思ってするのではないけれど、自分の一挙手一投足が知らないうちに、人のためになり、人類のためになるような働きになるわけです。

そうすると老子ではないけど、無為にして為す、自然法爾《じねんほうに》、ひとりでに善いことをしている。しようと思ってするんではないけれど、その人の行ないは自然と善い行ないになっている、というようになるわけですよ。それには守護霊、守護神につながらなければダメです。

過去世の因縁で、守護霊、守護神のことを想わなくても、スッとつながって科学者になって大きな功績を残したり、実業家になったり、自然にそういうことをやっている人もあるかもしれない。それは過去世でさんざん修行した人なんです。

何も宗教のことを思わなくたって、あの人は立派な人だ、と思える人もあります。それは過去世の因縁がとてもいいんです。しかし、心の中には宗教心があると思います。自分ではいつも物事に謙虚に感謝している、という感謝の想いがある人だと思いますよ。全然感謝のない人だったら、必ず最後にはうまくゆきません。そういうふうになっている。それが法則なんです。

◆今度は地球の完成する番

宇宙の中の地球

今ここに、地球という星があります。ところがこの大宇宙には、地球の他にも数知れないほどの星があります。

そして、ある星はずーっと何億万年も前に完成し、またある星は何万年前に完成しています。そういうふうに、次々と神様のみ心を完成してゆくわけなんです。

それで、今度は地球の番なんですよ。神様のみ心をハッキリと、完全に現わす番になってきているわけです。

しかし、よく考え違いをしてしまって、この大宇宙の星がたくさんある中で、地球だけに人類がいて、特別な待遇になっていると、こう思っている人があります。地球以外は、みんな死んだ星のように思っているんですね。ところが、星というのはみんな生きているわけです。

よく考えてみてください。この小さな地球のために、何億万、無限億万という星が、飾り物みたいに輝いているわけがないでしょう？

宇宙には、太陽よりももっと大きな星もたくさんあります。普通に考えたら、そういう大きな星が、こんな小さな地球のためだけに輝いて、飾り物になっているなんてことがあるわけがないでしょ。ところが唯物論者というのは、そう考えているんです。

神様というのは、大智慧、大能力ですね。こんな凄い力をもってして、自然をこんなに立派に創り上げるような、大きな智慧を持った神様が、地球のような小さな星のためだけに、大きな星を、何億何千万と、ただ飾っておくわけがありません。

物質科学から精神科学の時代へ

そして、さっきも言ったように、星が次々と完成してゆくわけです。いわゆる世界平和が、いろんな星に出来上がってゆくわけです。ということは、神様のみ心がすっかり現われるということですね。そして、今度は地球の番が来ています。

ところが、現実の地球世界を見渡しますと、いわゆる唯物の思想、物質が絶対であるというふうになってしまった。そういう、物質を主にした科学の力が限界にきて、最後には原水爆、核兵器までもが出来てしまって、もうこれ以上はどうにもならないところまできてしまったんです。

今の科学は発展するに従い、プラスになるものと、マイナスになるものが出てきます。ためになるものと、ためにならないものが、どうしても出てきてしまいます。

そして人類は、自らの科学が発達するに従って、だんだん追い詰められて、自分の首を絞めてゆくような形になってきてしまった。もう限界なんですね。

さあ、もうこのへんで、否でも応でも物質科学、唯物の科学を、精神科学というか、霊科学に変えなければならない時が迫ってきています。

そこで、いろんな宗教家や、聖者、賢者が現われて、そういうことを提唱しているわけですよ。欧米では、盛んに霊科学を実証しようとしているわけです。日本にもそれがだんだん伝わってきていますが、未だ確《かく》たるものがありません。

ところが現代は、霊科学、いわゆる精神科学と言いますか、深い、深い、物質を超えた科学がどうしても必要なんです。それで、我々は宇宙子科学というものを、やっているわけですね。

我々は宇宙神と交流し、宇宙子科学がだんだん、だんだん、進んできています。それには、いろんな苦労もあるんだけれども、確かに進んでいます。

神々の計画の中では、すでに平和な世界が出来上がっている

そういうふうにして神々は、地球の人類が何と思おうと、完全な世界を、平和な世界を創ろうとしていらっしゃるんです。

そして、すでに神様のみ心の中、神々の計画の中では、平和な世界がすっかり出来上がっているんですよ。完全な模型が出来ているわけです。それが、まっすぐ地球に降りてくれば、地球には平和な世界が出来るんです。

ところが、肉体の人間が持っている想い、神様を離れた唯物的な考えだけで進んでゆくと、いずれ地球は滅亡してしまいます。やがて原爆戦争になったり、細菌戦争になったり、いろんな科学戦争になる様相が現われてきています。

神様の世界では、完全に平和になった世界が出来ている。一方、幽界では、大戦争になって人類がめちゃめちゃになっている姿が出来ている。どっちをこの地球の肉体界に現わ

すのか？

天と地をつなぐ者たち、それは真の宗教者や真の優れた科学者、また真理に目覚めた者たちですね。そういう人たちが力を発揮しなければ、幽界のほうが肉体界に近いですから、幽界そのものがそのまま現われて、この地球の世界は終わりになってしまいます。

そこで、神様は、この地球世界を一挙に平和にしようと思って、一生懸命働いておられるんですよ。それはもう、大変なお働きです。

平和の祈りが、私たちの地球を救う

それで、皆さんがやっている世界平和の祈りは、そういう神々の働きや、我々をも助ける、非常に大きな力になっているんですよ。

皆さんが、たとえ七十歳でも、九十歳でも、その皆さんが唱えている世界平和の祈りというのは、とても大きな役目をしているということを、よく自覚し、多くの人にも話してください。

皆さんの世界平和の祈りが、本当に世界を助けるんだ、私たちの地球を救うんだ、という信念を本当に強く持つべきだと思うんですよ。

笑いたい者には笑わせておけばいいんです。どうせそういう人は、何にもしないんだから。何にもしないで、そんなもので何になる、祈りなんかで何になる、とただ笑いたい者は笑っていればいいんです。何にもしないで、ただ笑っているだけなんですから。

自分たちの地球が滅びるのを、ただ、祈りなんかで何にも変わりはしない、何だあんなもの、とそういうふうに思っている人は随分いるんですよ。それでいて、自分では何一つしない。そういうのは、業のほうの味方ですよね。

だからたとえ、これが嘘であろうと、本当であろうと、いいことならばやってみよう、という気持ちになって、祈ってくれる人は、やっぱり善なる人、真《まこと》の人です。

ところが、世界平和の祈りというのは、如実に大きな効果を上げています。だからそれを信じて、どうぞ一生懸命平和の祈りをしていただければと思います。

神々は常に見守っています。守護霊さんも見守っています。守護神さんも見守っています。それから、人類を救おうとしている神様も見守っています。その上に、宇宙神と多くの神々も見守っているんですから、どうぞそれをしっかり肚《はら》に据えて、信念を持って世界平和の祈りを祈りつづけてまいりましょう。

（昭和四十八年十月）

注の参照

■ 世界平和の祈り

世界人類が平和でありますように
日本が平和でありますように
私達の天命が完《まっと》うされますように
守護霊様ありがとうございます
守護神様ありがとうございます

■人間と真実の生き方

人間は本来、神の分霊《わけみたま》であって、業生《ごうしょう》ではなく、つねに守護霊、守護神によって守られているものである。

この世のなかのすべての苦悩は、人間の過去世《かこせ》から現在にいたる誤てる想念が、その運命と現われて消えてゆく時に起る姿である。

いかなる苦悩といえど現われれば必ず消えるものであるから、消え去るのであるという強い信念と、今からよくなるのであるという善念を起し、どんな困難のなかにあっても、自分を赦《ゆる》し人を赦し、自分を愛し人を愛す、愛と真《まこと》と赦しの言行をなしつづけてゆくとともに、守護霊守護神への感謝の心をつねに想い、世界平和の祈りを祈りつづけてゆけば、個人も人類も真の救いを体得出来るものである。

著者紹介：五井昌久（ごいまさひさ）
大正５年東京に生まる。昭和24年神我一体を経験し、覚者となる。白光真宏会を主宰。祈りによる世界平和運動を提唱して、国内国外に共鳴者多数。昭和55年８月帰神（逝去）さる。著書に『神と人間』『天と地をつなぐ者』『小説阿難』『老子講義』『聖書講義』等多数。

発行所案内：白光（びゃっこう）とは純潔無礙なる澄み清まった光、人間の高い境地から発する光をいう。白光真宏会出版本部は、この白光を自己のものとして働く菩薩心そのものの人間を育てるための出版物を世に送ることをその使命としている。この使命達成の一助として月刊誌「白光」を発行している。

白光真宏会出版本部ホームページ
https://www.byakkopress.ne.jp/

白光真宏会ホームページ
https://www.byakko.or.jp/

ご感想とアンケート（愛読者カード）
https://www.byakkopress.ne.jp/aidokusya/

天の心かく在り——日本の進むべき道

平成十六年四月十五日　初　版
令和　七年三月二十日　二版一刷

著　者　五井昌久
発行者　吉川　譲
発行所　白光真宏会出版本部
〒418-0102　静岡県富士宮市人穴八一二—一
電　話　〇五四四（二九）五一〇九
ＦＡＸ　〇五四四（二九）五一一二
振　替　〇〇一八〇・八・一六七六一二

印刷・製本　株式会社インプレッソ

d3

ISBN978-4-89214-160-7 C0014

※価格は消費税10％込みです。

五井昌久著

神と人間
定価1430円／〒250
文庫判定価550円／〒127

われわれ人間の背後にあって、昼となく夜となく、運命の修正に尽力している守護霊守護神の存在を明確に打ち出し、霊と魂魄、人間の生前死後、因縁因果をこえる法等を詳説した安心立命への道しるべ。

五井昌久講話集
一・二・三巻各1430円
四・五巻各1320円
〒各250円

読みやすい語り口が、いつしか読者の心を開き、高い神のひびきの世界に魂を引きあげ、浄めてくれる。そして勇気をふるい起こしてくれる。1生命光り輝け、2素直な心、3光明の生活者、4明るい心、5不動の心。

高級霊《ハイスピリット》は上機嫌
定価1540円／〒250

―in high spirits―上機嫌でいつも明るく朗らかな人はハイスピリットです。不機嫌な時代に生きるハイスピリットさん。本領を発揮すれば運命が開けます。常に機嫌よく明るくあるにはどうしたらよいか、人生の達人の著者はその方法をやさしく教えてくれます。

質問ありませんか？
定価1540円／〒250

人生のこと、人間のこと、霊のこと、神様のこと、守護霊守護神のこと、祈りについて、死んだらどうなるのか、幸せになるには、どう生きたらいいのか――などについて、五井先生がやさしくお答えします。

責めてはいけません
定価1430円／〒250

明るく、いのち生き生きと生きるには、自他をいつまでも責めていてはいけない。自分をゆるし人をゆるし、自分を愛し人を愛す、愛とゆるしが光明人生の鍵。